小学校学習指導要領(平成29年告示)解説

総合的な学習の時間編

平成29年7月

文部科学省

まえがき

　文部科学省では，平成29年３月31日に学校教育法施行規則の一部改正と小学校学習指導要領の改訂を行った。新小学校学習指導要領等は平成32年度から全面的に実施することとし，平成30年度から一部を移行措置として先行して実施することとしている。

　今回の改訂は，平成28年12月の中央教育審議会答申を踏まえ，

①　教育基本法，学校教育法などを踏まえ，これまでの我が国の学校教育の実績や蓄積を生かし，子供たちが未来社会を切り拓くための資質・能力を一層確実に育成することを目指すこと。その際，子供たちに求められる資質・能力とは何かを社会と共有し，連携する「社会に開かれた教育課程」を重視すること。

②　知識及び技能の習得と思考力，判断力，表現力等の育成のバランスを重視する平成20年改訂の学習指導要領の枠組みや教育内容を維持した上で，知識の理解の質を更に高め，確かな学力を育成すること。

③　先行する特別教科化など道徳教育の充実や体験活動の重視，体育・健康に関する指導の充実により，豊かな心や健やかな体を育成すること。

を基本的なねらいとして行った。

　本書は，大綱的な基準である学習指導要領の記述の意味や解釈などの詳細について説明するために，文部科学省が作成するものであり，小学校学習指導要領第５章「総合的な学習の時間」について，その改善の趣旨や内容を解説している。

　各学校においては，本書を御活用いただき，学習指導要領等についての理解を深め，創意工夫を生かした特色ある教育課程を編成・実施されるようお願いしたい。

　むすびに，本書「小学校学習指導要領解説総合的な学習の時間編」の作成に御協力くださった各位に対し，心から感謝の意を表する次第である。

平成29年７月

文部科学省初等中等教育局長

髙橋　道和

目次

● 第1章　総　説　……………………………………………　1

　　1　改訂の経緯及び基本方針　……………………………　1

　　　　(1) 改訂の経緯

　　　　(2) 改訂の基本方針

　　2　総合的な学習の時間改訂の趣旨及び要点　……　5

　　　　(1) 改訂の趣旨

　　　　(2) 改訂の要点

● 第2章　総合的な学習の時間の目標　……………………　8

● 第1節　目標の構成　……………………………………　8

● 第2節　目標の趣旨　……………………………………　9

　　1　総合的な学習の時間の特質に応じた学習の

　　　　在り方　………………………………………………　9

　　　　(1) 探究的な見方・考え方を働かせる

　　　　(2) 横断的・総合的な学習を行う

　　　　(3) よりよく課題を解決し，自己の生き方を考えていく

　　2　総合的な学習の時間で育成することを目指す

　　　　資質・能力　…………………………………………　13

● 第3章　各学校において定める目標及び内容　……………　18

● 第1節　各学校において定める目標　…………………　19

● 第2節　各学校において定める内容　…………………　21

● 第3節　各学校において定める目標及び内容の取扱い　23

● 第4章　指導計画の作成と内容の取扱い　…………………　35

● 第1節　指導計画の作成に当たっての配慮事項　……　35

　　1　指導計画作成上の配慮事項　………………………　35

● 第2節　内容の取扱いについての配慮事項　…………　47

● 第5章　総合的な学習の時間の指導計画の作成　…………　66

● 第1節　総合的な学習の時間における指導計画　……　66

　　1　指導計画の要素　……………………………………　66

2　全体計画と年間指導計画　………………………　67

● 第2節　各学校において定める目標の設定　…………　70

● 第3節　各学校が定める内容とは　………………………　73

　　　1　各学校が定める内容とは　………………………　73

　　　2　目標を実現するにふさわしい探究課題　………　73

　　　3　探究課題の解決を通して育成を目指す具体的な
　　　　　資質・能力　……………………………………………　78

　　　　(1)　知識及び技能

　　　　(2)　思考力，判断力，表現力等

　　　　(3)　学びに向かう力，人間性等

　　　4　考えるための技法の活用　…………………………　82

　　　　(1)　考えるための技法を活用する意義

　　　　(2)　考えるための技法の例と活用の仕方

　　　5　内容の設定と運用についての留意点　…………　87

● 第4節　全体計画の作成　……………………………………　89

● 第6章　総合的な学習の時間の年間指導計画及び
　　　　単元計画の作成　……………………………………　92

● 第1節　年間指導計画及び単元計画の基本的な考え方　92

● 第2節　年間指導計画の作成　……………………………　94

　　　1　年間指導計画の在り方　………………………………　94

　　　2　作成及び実施上の配慮事項　………………………　94

　　　　(1)　児童の学習経験に配慮すること

　　　　(2)　季節や行事など適切な活動時期を生かすこと

　　　　(3)　各教科等との関連を明らかにすること

　　　　(4)　外部の教育資源の活用及び異校種との連携や
　　　　　　交流を意識すること

● 第3節　単元計画の作成　……………………………………　99

　　　1　単元計画の基本的な考え方　………………………　99

　　　　(1)　児童の関心や疑問を生かした単元の構想

　　　　(2)　意図した学習を効果的に生み出す単元の構成

2　単元計画としての学習指導案 …………………… 104

●第4節　年間指導計画・単元計画の運用 ………… 106

●第7章　総合的な学習の時間の学習指導 ……………… 108

●第1節　学習指導の基本的な考え方 ……………… 108

　　1　児童の主体性の重視 …………………………… 108

　　2　適切な指導の在り方 …………………………… 109

　　3　具体的で発展的な教材 ………………………… 109

●第2節　探究的な学習の過程における「主体的・
　　　　　対話的で深い学び」…………………………… 111

　　1　「主体的な学び」の視点 ……………………… 111

　　2　「対話的な学び」の視点 ……………………… 112

　　3　「深い学び」の視点 …………………………… 113

●第3節　探究的な学習の指導のポイント …………… 114

　　1　学習過程を探究的にすること ……………… 114

　　2　他者と協働して主体的に取り組む学習活動
　　　　にすること …………………………………… 119

　　　(1)　多様な情報を活用して協働的に学ぶ

　　　(2)　異なる視点から考え協働的に学ぶ

　　　(3)　力を合わせたり交流したりして協働的に学ぶ

　　　(4)　主体的かつ協働的に学ぶ

●第8章　総合的な学習の時間の評価 ………………… 124

●第1節　学習評価の充実 …………………………… 124

●第2節　児童の学習状況の評価 …………………… 125

　　1　「目標に準拠した評価」に向けた評価の
　　　　観点の在り方 ………………………………… 125

　　2　評価規準の設定と評価方法の工夫改善 ……… 126

●第3節　教育課程の評価 …………………………… 128

　　1　カリキュラム・マネジメントの視点
　　　　からの評価 …………………………………… 128

● 第9章　総合的な学習の時間を充実させるための
　　体制づくり　……………………………………　129
● 第1節　体制整備の基本的な考え方　………………　129
● 第2節　校内組織の整備　……………………………　131
　　1　校長のリーダーシップ　……………………　131
　　2　校内推進体制の整備　………………………　132
　　　(1)　児童に対する指導体制
　　　(2)　実践を支える運営体制
　　3　教職員の研修　………………………………　135
● 第3節　年間授業時数の確保と弾力的な授業時数
　　の運用　…………………………………………　137
　　1　年間授業時数の確保　………………………　137
　　2　弾力的な単位時間・授業時数の運用　…………　137
　　　(1)　授業時間の弾力化
　　　(2)　年間の授業時数の配当
　　3　授業時数に関する留意点　…………………　139
　　　(1)　年間指導計画及び単元計画における
　　　　　授業時数の配当
　　　(2)　週単位の適切な実施計画と管理
　　　(3)　学期ごとの実績の適切な管理
● 第4節　環境整備　……………………………………　140
　　1　学習空間の確保　……………………………　140
　　2　教室内の学習環境の整備　…………………　140
　　3　学校図書館の整備　…………………………　141
　　4　情報環境の整備　……………………………　142
● 第5節　外部との連携の構築　………………………　144
　　1　外部との連携の必要性　……………………　144
　　2　外部連携のための留意点　…………………　145
　　　(1)　日常的な関わり
　　　(2)　担当者や組織の設置

(3) 教育資源のリスト

(4) 適切な打合せの実施

(5) 学習成果の発信

● 付録 ……………………………………………………………… 147

　● 付録１：学校教育法施行規則（抄）…………………… 148

　● 付録２：小学校学習指導要領　第１章　総則 ……… 152

　● 付録３：小学校学習指導要領　第５章　総合的な学習の時間
　　　　　　………………………………………………… 160

　● 付録４：中学校学習指導要領　第４章　総合的な学習の時間
　　　　　　………………………………………………… 163

　● 付録５：小学校学習指導要領　第３章　特別の教科　道徳
　　　　　　………………………………………………… 166

　● 付録６：「道徳の内容」の学年段階・学校段階の一覧表
　　　　　　………………………………………………… 172

　● 付録７：幼稚園教育要領 ……………………………… 174

第1章　総　説

●1　改訂の経緯及び基本方針

(1) 改訂の経緯

　今の子供たちやこれから誕生する子供たちが，成人して社会で活躍する頃には，我が国は厳しい挑戦の時代を迎えていると予想される。生産年齢人口の減少，グローバル化の進展や絶え間ない技術革新等により，社会構造や雇用環境は大きく，また急速に変化しており，予測が困難な時代となっている。また，急激な少子高齢化が進む中で成熟社会を迎えた我が国にあっては，一人一人が持続可能な社会の担い手として，その多様性を原動力とし，質的な豊かさを伴った個人と社会の成長につながる新たな価値を生み出していくことが期待される。

　こうした変化の一つとして，人工知能（AI）の飛躍的な進化を挙げることができる。人工知能が自ら知識を概念的に理解し，思考し始めているとも言われ，雇用の在り方や学校において獲得する知識の意味にも大きな変化をもたらすのではないかとの予測も示されている。このことは同時に，人工知能がどれだけ進化し思考できるようになったとしても，その思考の目的を与えたり，目的のよさ・正しさ・美しさを判断したりできるのは人間の最も大きな強みであるということの再認識につながっている。

　このような時代にあって，学校教育には，子供たちが様々な変化に積極的に向き合い，他者と協働して課題を解決していくことや，様々な情報を見極め知識の概念的な理解を実現し情報を再構成するなどして新たな価値につなげていくこと，複雑な状況変化の中で目的を再構築することができるようにすることが求められている。

　このことは，本来，我が国の学校教育が大切にしてきたことであるものの，教師の世代交代が進むと同時に，学校内における教師の世代間のバランスが変化し，教育に関わる様々な経験や知見をどのように継承していくかが課題となり，また，子供たちを取り巻く環境の変化により学校が抱える課題も複雑化・困難化する中で，これまでどおり学校の工夫だけにその実現を委ねることは困難になってきている。

　こうした状況を踏まえ，平成26年11月には，文部科学大臣から新しい時代にふさわしい学習指導要領等の在り方について中央教育審議会に諮問を行った。中央教育審議会においては，2年1か月にわたる審議の末，平成28年12月21日に「幼稚園，小学校，中学校，高等学校及び特別支援学校の学習指導要領等の改善及び必要な方策等について（答申）」（以下「中央教育審議会答申」という。）を示し

た。

中央教育審議会答申においては，“よりよい学校教育を通じてよりよい社会を創る”という目標を学校と社会が共有し，連携・協働しながら，新しい時代に求められる資質・能力を子供たちに育む「社会に開かれた教育課程」の実現を目指し，学習指導要領等が，学校，家庭，地域の関係者が幅広く共有し活用できる「学びの地図」としての役割を果たすことができるよう，次の6点にわたってその枠組みを改善するとともに，各学校において教育課程を軸に学校教育の改善・充実の好循環を生み出す「カリキュラム・マネジメント」の実現を目指すことなどが求められた。

① 「何ができるようになるか」（育成を目指す資質・能力）
② 「何を学ぶか」（教科等を学ぶ意義と，教科等間・学校段階間のつながりを踏まえた教育課程の編成）
③ 「どのように学ぶか」（各教科等の指導計画の作成と実施，学習・指導の改善・充実）
④ 「子供一人一人の発達をどのように支援するか」（子供の発達を踏まえた指導）
⑤ 「何が身に付いたか」（学習評価の充実）
⑥ 「実施するために何が必要か」（学習指導要領等の理念を実現するために必要な方策）

これを踏まえ，平成29年3月31日に学校教育法施行規則を改正するとともに，幼稚園教育要領，小学校学習指導要領及び中学校学習指導要領を公示した。小学校学習指導要領は，平成30年4月1日から第3学年及び第4学年において外国語活動を実施する等の円滑に移行するための措置（移行措置）を実施し，平成32年4月1日から全面実施することとしている。また，中学校学習指導要領は，平成30年4月1日から移行措置を実施し，平成33年4月1日から全面実施することとしている。

(2) 改訂の基本方針

今回の改訂は中央教育審議会答申を踏まえ，次の基本方針に基づき行った。

① 今回の改訂の基本的な考え方

ア　教育基本法，学校教育法などを踏まえ，これまでの我が国の学校教育の実践や蓄積を生かし，子供たちが未来社会を切り拓（ひら）くための資質・能力を一層確実に育成することを目指す。その際，子供たちに求められる資質・能力とは何かを社会と共有し，連携する「社会に開かれた教育課程」を重視すること。

イ　知識及び技能の習得と思考力，判断力，表現力等の育成のバランスを重
　　　　視する平成20年改訂の学習指導要領の枠組みや教育内容を維持した上で，
　　　　知識の理解の質を更に高め，確かな学力を育成すること。
　　ウ　先行する特別教科化など道徳教育の充実や体験活動の重視，体育・健康
　　　　に関する指導の充実により，豊かな心や健やかな体を育成すること。

②　育成を目指す資質・能力の明確化

　中央教育審議会答申においては，予測困難な社会の変化に主体的に関わり，
感性を豊かに働かせながら，どのような未来を創っていくのか，どのように社
会や人生をよりよいものにしていくのかという目的を自ら考え，自らの可能性
を発揮し，よりよい社会と幸福な人生の創り手となる力を身に付けられるよう
にすることが重要であること，こうした力は全く新しい力ということではなく
学校教育が長年その育成を目指してきた「生きる力」であることを改めて捉え
直し，学校教育がしっかりとその強みを発揮できるようにしていくことが必要
とされた。また，汎用的な能力の育成を重視する世界的な潮流を踏まえつつ，
知識及び技能と思考力，判断力，表現力等をバランスよく育成してきた我が国
の学校教育の蓄積を生かしていくことが重要とされた。

　このため「生きる力」をより具体化し，教育課程全体を通して育成を目指す
資質・能力を，ア「何を理解しているか，何ができるか（生きて働く「知識・
技能」の習得）」，イ「理解していること・できることをどう使うか（未知の状
況にも対応できる「思考力・判断力・表現力等」の育成）」，ウ「どのように社
会・世界と関わり，よりよい人生を送るか（学びを人生や社会に生かそうとす
る「学びに向かう力・人間性等」の涵養）」の三つの柱に整理するとともに，
各教科等の目標や内容についても，この三つの柱に基づく再整理を図るよう提
言がなされた。

　今回の改訂では，知・徳・体にわたる「生きる力」を子供たちに育むために
「何のために学ぶのか」という各教科等を学ぶ意義を共有しながら，授業の創
意工夫や教科書等の教材の改善を引き出していくことができるようにするた
め，全ての教科等の目標及び内容を「知識及び技能」，「思考力，判断力，表現
力等」，「学びに向かう力，人間性等」の三つの柱で再整理した。

③　「主体的・対話的で深い学び」の実現に向けた授業改善の推進

　子供たちが，学習内容を人生や社会の在り方と結び付けて深く理解し，これ
からの時代に求められる資質・能力を身に付け，生涯にわたって能動的に学び
続けることができるようにするためには，これまでの学校教育の蓄積を生か
し，学習の質を一層高める授業改善の取組を活性化していくことが必要であ
り，我が国の優れた教育実践に見られる普遍的な視点である「主体的・対話的

で深い学び」の実現に向けた授業改善（アクティブ・ラーニングの視点に立った授業改善）を推進することが求められる。

　今回の改訂では「主体的・対話的で深い学び」の実現に向けた授業改善を進める際の指導上の配慮事項を総則に記載するとともに，各教科等の「第3　指導計画の作成と内容の取扱い」において，単元や題材など内容や時間のまとまりを見通して，その中で育む資質・能力の育成に向けて，「主体的・対話的で深い学び」の実現に向けた授業改善を進めることを示した。

　その際，以下の6点に留意して取り組むことが重要である。

ア　児童生徒に求められる資質・能力を育成することを目指した授業改善の取組は，既に小・中学校を中心に多くの実践が積み重ねられており，特に義務教育段階はこれまで地道に取り組まれ蓄積されてきた実践を否定し，全く異なる指導方法を導入しなければならないと捉える必要はないこと。

イ　授業の方法や技術の改善のみを意図するものではなく，児童生徒に目指す資質・能力を育むために「主体的な学び」，「対話的な学び」，「深い学び」の視点で，授業改善を進めるものであること。

ウ　各教科等において通常行われている学習活動（言語活動，観察・実験，問題解決的な学習など）の質を向上させることを主眼とするものであること。

エ　1回1回の授業で全ての学びが実現されるものではなく，単元や題材など内容や時間のまとまりの中で，学習を見通し振り返る場面をどこに設定するか，グループなどで対話する場面をどこに設定するか，児童生徒が考える場面と教員が教える場面をどのように組み立てるかを考え，実現を図っていくものであること。

オ　深い学びの鍵として「見方・考え方」を働かせることが重要になること。各教科等の「見方・考え方」は，「どのような視点で物事を捉え，どのような考え方で思考していくのか」というその教科等ならではの物事を捉える視点や考え方である。各教科等を学ぶ本質的な意義の中核をなすものであり，教科等の学習と社会をつなぐものであることから，児童生徒が学習や人生において「見方・考え方」を自在に働かせることができるようにすることにこそ，教師の専門性が発揮されることが求められること。

カ　基礎的・基本的な知識及び技能の習得に課題がある場合には，その確実な習得を図ることを重視すること。

④　各学校におけるカリキュラム・マネジメントの推進

　各学校においては，教科等の目標や内容を見通し，特に学習の基盤となる資質・能力（言語能力，情報活用能力（情報モラルを含む。以下同じ。），問題発見・解決能力等）や現代的な諸課題に対応して求められる資質・能力の育成の

ためには，教科等横断的な学習を充実することや，「主体的・対話的で深い学び」の実現に向けた授業改善を，単元や題材など内容や時間のまとまりを見通して行うことが求められる。これらの取組の実現のためには，学校全体として，児童生徒や学校，地域の実態を適切に把握し，教育内容や時間の配分，必要な人的・物的体制の確保，教育課程の実施状況に基づく改善などを通して，教育活動の質を向上させ，学習の効果の最大化を図るカリキュラム・マネジメントに努めることが求められる。

このため総則において，「児童や学校，地域の実態を適切に把握し，教育の目的や目標の実現に必要な教育の内容等を教科等横断的な視点で組み立てていくこと，教育課程の実施状況を評価してその改善を図っていくこと，教育課程の実施に必要な人的又は物的な体制を確保するとともにその改善を図っていくことなどを通して，教育課程に基づき組織的かつ計画的に各学校の教育活動の質の向上を図っていくこと（以下「カリキュラム・マネジメント」という。）に努める」ことについて新たに示した。

⑤　教育内容の主な改善事項

このほか，言語能力の確実な育成，理数教育の充実，伝統や文化に関する教育の充実，体験活動の充実，外国語教育の充実などについて総則や各教科等において，その特質に応じて内容やその取扱いの充実を図った。

●2　総合的な学習の時間改訂の趣旨及び要点

(1) 改訂の趣旨

中央教育審議会答申において，学習指導要領等改訂の基本的な方向性が示されるとともに，各教科等における改訂の具体的な方向性も示された。今回の総合的な学習の時間の改訂は，これらを踏まえて行われたものである。

総合的な学習の時間は，学校が地域や学校，児童生徒の実態等に応じて，教科等の枠を超えた横断的・総合的な学習とすることと同時に，探究的な学習や協働的な学習とすることが重要であるとしてきた。特に，探究的な学習を実現するため，「①課題の設定→②情報の収集→③整理・分析→④まとめ・表現」の探究のプロセスを明示し，学習活動を発展的に繰り返していくことを重視してきた。全国学力・学習状況調査の分析等において，総合的な学習の時間で探究のプロセスを意識した学習活動に取り組んでいる児童生徒ほど各教科の正答率が高い傾向にあること，探究的な学習活動に取り組んでいる児童生徒の割合が増えていることなどが明らかになっている。また，総合的な学習の時間の役割はOECDが実施する生徒の学習到達度調査（PISA）における好成績につながったことのみなら

ず，学習の姿勢の改善に大きく貢献するものとしてOECDをはじめ国際的に高く評価されている。

その上で，課題と更なる期待として，以下の点が示された。

・　総合的な学習の時間を通してどのような資質・能力を育成するのかということや，総合的な学習の時間と各教科等との関連を明らかにするということについては学校により差がある。これまで以上に総合的な学習の時間と各教科等の相互の関わりを意識しながら，学校全体で育てたい資質・能力に対応したカリキュラム・マネジメントが行われるようにすることが求められている。

・　探究のプロセスの中でも「整理・分析」，「まとめ・表現」に対する取組が十分ではないという課題がある。探究のプロセスを通じた一人一人の資質・能力の向上をより一層意識することが求められる。

(2)　改訂の要点

①　改訂の基本的な考え方

・　総合的な学習の時間においては，探究的な学習の過程を一層重視し，各教科等で育成する資質・能力を相互に関連付け，実社会・実生活において活用できるものとするとともに，各教科等を越えた学習の基盤となる資質・能力を育成する。

②　目標の改善

・　総合的な学習の時間の目標は，「探究的な見方・考え方」を働かせ，総合的・横断的な学習を行うことを通して，よりよく課題を解決し，自己の生き方を考えていくための資質・能力を育成することを目指すものであることを明確化した。

・　教科等横断的なカリキュラム・マネジメントの軸となるよう，各学校が総合的な学習の時間の目標を設定するに当たっては，各学校における教育目標を踏まえて設定することを示した。

③　学習内容，学習指導の改善・充実

・　各学校は総合的な学習の時間の目標を実現するにふさわしい探究課題を設定するとともに，探究課題の解決を通して育成を目指す具体的な資質・能力を設定するよう改善した。

・　探究的な学習の中で，各教科等で育成する資質・能力を相互に関連付け，実社会・実生活の中で総合的に活用できるものとなるよう改善した。

・　教科等を越えた全ての学習の基盤となる資質・能力を育成するため，課題を探究する中で，協働して課題を解決しようとする学習活動や，言語により

分析し，まとめたり表現したりする学習活動（比較する，分類する，関連付けるなどの，「考えるための技法」を活用する），コンピュータ等を活用して，情報を収集・整理・発信する学習活動（情報手段の基本的な操作を習得し，情報や情報手段を主体的に選択，活用できるようにすることを含む）が行われるように示した。

・　自然体験やボランティア活動などの体験活動，地域の教材や学習環境を積極的に取り入れること等は引き続き重視することを示した。

・　プログラミングを体験しながら論理的思考力を身に付ける学習活動を行う場合には，探究的な学習の過程に適切に位置付くようにすることを示した。

　なお，本解説では，第2章から第4章までは，学習指導要領の文言を基にした解説を行う。第5章から第9章までは，第4章までの内容を踏まえた上で，各学校における指導計画の作成，教育活動の実施に当たっての基本的な考え方やポイントを，その手順や方法，具体例などを交えて解説する。

2
総合的な学習の時間改訂の趣旨及び要点

第2章　総合的な学習の時間の目標

第1節　目標の構成

第2章
総合的な学
習の時間の
目標

　総合的な学習の時間のねらいや育成を目指す資質・能力を明確にし，その特質と目指すところが何かを端的に示したものが，以下の総合的な学習の時間の目標である。

第1　目標

　探究的な見方・考え方を働かせ，横断的・総合的な学習を行うことを通して，よりよく課題を解決し，自己の生き方を考えていくための資質・能力を次のとおり育成することを目指す。

(1) 探究的な学習の過程において，課題の解決に必要な知識及び技能を身に付け，課題に関わる概念を形成し，探究的な学習のよさを理解するようにする。

(2) 実社会や実生活の中から問いを見いだし，自分で課題を立て，情報を集め，整理・分析して，まとめ・表現することができるようにする。

(3) 探究的な学習に主体的・協働的に取り組むとともに，互いのよさを生かしながら，積極的に社会に参画しようとする態度を養う。

　第1の目標は，大きく分けて二つの要素で構成されている。

　一つは，総合的な学習の時間に固有な見方・考え方を働かせて，**横断的・総合的な学習を行うことを通して，よりよく課題を解決し，自己の生き方を考えていくための資質・能力**を育成するという，総合的な学習の時間の特質を踏まえた学習過程の在り方である。　もう一つは，(1)，(2)，(3) として示している，総合的な学習の時間を通して育成することを目指す資質・能力である。育成することを目指す資質・能力は，他教科等と同様に，(1) では総合的な学習の時間において育成を目指す「知識及び技能」を，(2) では「思考力，判断力，表現力等」を，(3) では「学びに向かう力，人間性等」を示している。

第2節　目標の趣旨

● 1　総合的な学習の時間の特質に応じた学習の在り方

(1) 探究的な見方・考え方を働かせる

　探究的な見方・考え方を働かせるということを目標の冒頭に置いたのは，探究的な学習の重要性に鑑み，探究的な学習の過程を総合的な学習の時間の本質と捉え，中心に据えることを意味している。総合的な学習の時間における学習では，問題解決的な活動が発展的に繰り返されていく。これを探究的な学習と呼び，平成20年の「小学校学習指導要領解説 総合的な学習の時間編」において，「探究的な学習における児童の学習の姿」として，図のような一連の学習過程を示した。

探究的な学習における児童の学習の姿

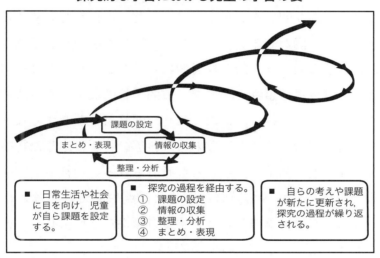

　児童は，①日常生活や社会に目を向けた時に湧き上がってくる疑問や関心に基づいて，自ら課題を見付け，②そこにある具体的な問題について情報を収集し，③その情報を整理・分析したり，知識や技能に結び付けたり，考えを出し合ったりしながら問題の解決に取り組み，④明らかになった考えや意見などをまとめ・表現し，そこからまた新たな課題を見付け，更なる問題の解決を始めるといった学習活動を発展的に繰り返していく。要するに探究的な学習とは，物事の本質を探って見極めようとする一連の知的営みのことである。

　探究的な学習では，次のような児童の姿を見いだすことができる。事象を捉える感性や問題意識が揺さぶられて，学習活動への取組が真剣になる。身に付けた知識及び技能を活用し，その有用性を実感する。見方が広がったことを喜び，更なる学習への意欲を高める。概念が具体性を増して理解が深まる。学んだことを自己と結び付けて，自分の成長を自覚したり自己の生き方を考えたりする。このように，探究的な学習においては，児童の豊かな学習の姿が現れる。ただし，こ

の①②③④の過程を固定的に捉える必要はない。物事の本質を探って見極めようとするとき，活動の順序が入れ替わったり，ある活動が重点的に行われたりすることは，当然起こり得ることだからである。

この探究のプロセスを支えるのが探究的な見方・考え方である。探究的な見方・考え方には，二つの要素が含まれる。

一つは，各教科等における見方・考え方を総合的に働かせるということである。各教科等の学習においては，その教科等の特質に応じた見方・考え方を働かせながら，教科等の目標に示す資質・能力の育成を目指すが，総合的な学習の時間における学習では，各教科等の特質に応じた見方・考え方を，探究的な学習の過程において，適宜必要に応じて総合的に活用する。

例えば，実社会・実生活の中の課題の探究において，言葉による見方・考え方を働かせること（対象と言葉，言葉と言葉との関係を，言葉の意味，働き，使い方等に着目して捉えたり問い直したりして，言葉への自覚を高めること）や，数学的な見方・考え方を働かせること（事象を，数量や図形及びそれらの関係などに着目して捉え，論理的，統合的・発展的に考えること）や，理科の見方・考え方を働かせること（自然の事物・現象を，質的・量的な関係や時間的・空間的な関係などの科学的な視点で捉え，比較したり，関係付けたりするなどの科学的に探究する方法を用いて考えること）などの教科等の特質に応じた物事を捉える視点や考え方が，繰り返し活用されることが考えられる。実社会・実生活における問題は，そもそもどの教科等の特質に応じた視点や捉え方で考えればよいか決まっていない。扱う対象や解決しようとする方向性などに応じて，児童が意識的に活用できるようになることが大事である。

二つは，総合的な学習の時間に固有な見方・考え方を働かせることである。それは，特定の教科等の視点だけで捉えきれない広範な事象を，多様な角度から俯瞰して捉えることであり，また，課題の探究を通して自己の生き方を問い続けるという，総合的な学習の時間に特有の物事を捉える視点や考え方である。本解説第3章で説明するように，探究課題は，一つの決まった正しい答えがあるわけでなく，様々な教科等で学んだ見方・考え方を総合的に活用しながら，様々な角度から捉え，考えることができるものであることが求められる。そして，課題の解決により，また新たな課題を見付けるということを繰り返していく中で，自分の生き方も問い続けていくことになる。

このように，各教科等における見方・考え方を総合的に活用して，広範な事象を多様な角度から俯瞰して捉え，実社会・実生活の課題を探究し，自己の生き方を問い続けるという総合的な学習の時間の特質に応じた見方・考え方を，探究的な見方・考え方と呼ぶ。それは総合的な学習の時間の中で，児童が探究的な見

方・考え方を働かせながら横断的・総合的な学習に取り組むことにより，よりよく課題を解決し，自己の生き方を考えていくための資質・能力を育成することにつながるのである。そして，学校教育のみならず，大人になった後に，実社会・実生活の中でも重要な役割を果たしていくのである。

　なお，総合的な学習の時間において，各教科等における見方・考え方を総合的に活用するということは，社会で生きて働く資質・能力を育成する上で，教科等の学習と教科等横断的な学習を往還することが重要であることを意味している。系統的に構造化された内容を，それぞれの特質に応じた見方・考え方を働かせて学ぶ教科等の学習と，総合的な学習の時間において，各教科等で育成された見方・考え方を，実社会・実生活における問題において総合的に活用する教科等横断的な学習の両方が重要であるということを意味している。このような教科等の学習と教科等横断的な学習の両方が示されていることは我が国の教育課程の大きな特色であり，今回の改訂では改めてその趣旨を明示している。

(2)　横断的・総合的な学習を行う

　横断的・総合的な学習を行うというのは，この時間の学習の対象や領域が，特定の教科等に留まらず，横断的・総合的でなければならないことを表している。言い換えれば，この時間に行われる学習では，教科等の枠を超えて探究する価値のある課題について，各教科等で身に付けた資質・能力を活用・発揮しながら解決に向けて取り組んでいくことでもある。

　総合的な学習の時間では，各学校が目標を実現するにふさわしい探究課題を設定することになる。それは，例えば，国際理解，情報，環境，福祉・健康などの現代的な諸課題に対応する課題，地域や学校の特色に応じた課題，児童の興味・関心に基づく課題などである。具体的には，「身近な自然環境とそこで起きている環境問題」，「地域の伝統や文化とその継承に力を注ぐ人々」，「実社会で働く人々の姿と自己の将来」などを探究課題とすることが考えられる。こうした探究課題は，特定の教科等の枠組みの中だけで完結するものではない。実社会・実生活の中から見いだされた探究課題に教科等の枠組みを当てはめるのは困難であり，探究課題の解決においては，各教科等の資質・能力が繰り返し何度となく活用・発揮されることが容易に想像できる。

(3)　よりよく課題を解決し，自己の生き方を考えていく

　総合的な学習の時間に育成する資質・能力については，**よりよく課題を解決し，自己の生き方を考えていくため**と示されている。このことは，この時間における資質・能力は，探究課題を解決するためのものであり，またそれを通して，

自己の生き方を考えることにつながるものでなければならないことを明示している。

　ここに見られるのは，課題を解決する中で資質・能力を育成する一方，課題の解決には一定の資質・能力が必要となるという双方向的な関係である。

　課題についての一定の知識や，活動を支える一定の技能がなければ，課題の解決には向かわない。解決を方向付ける，「考えるための技法」や情報活用能力，問題発見・解決能力を持ち合わせていなければ，探究のプロセスは進まない。その一方で，探究を進める中で，知識及び技能は増大し，洗練され，精緻化される。言語能力や情報活用能力，問題発見・解決能力も，より高度なものになっていく。つまり，既有の資質・能力を用いて課題の解決に向かい，課題の解決を通して，より高度な資質・能力が育成されていくのである。

　このような関係を教師が意識しておくことが，よりよい課題の解決につながっていく。つまり，この時間の学習に必要な資質・能力とは何かを見極め，他教科等やそれまでの総合的な学習の時間の学習において，意図的・計画的に育成すると同時に，総合的な学習の時間における探究的な学習の中でその資質・能力が高まるようにするということである。

　よりよく課題を解決するとは，解決の道筋がすぐには明らかにならない課題や，唯一の正解が存在しない課題などについても，自らの知識や技能等を総合的に働かせて，目前の具体的な課題を粘り強く対処し解決しようとすることである。身近な社会や人々，自然に直接関わる学習活動の中で，課題を解決する力を育てていくことが必要になる。こうしたよりよく課題を解決する資質・能力は，試行錯誤しながらも新しい未知の課題に対応することが求められる時代において，欠かすことのできない資質・能力である。

　自己の生き方を考えることは，次の三つで考えることができる。一つは，人や社会，自然との関わりにおいて，自らの生活や行動について考えていくことである。社会や自然の一員として，何をすべきか，どのようにすべきかなどを考えることである。また，これは低学年における生活科の学習の特質からつながってくる部分でもある。二つは，自分にとっての学ぶことの意味や価値を考えていくことである。取り組んだ学習活動を通して，自分の考えや意見を深めることであり，また，学習の有用感を味わうなどして学ぶことの意味を自覚することである。そして，これら二つを生かしながら，学んだことを現在及び将来の自己の生き方につなげて考えることが三つ目である。学習の成果から達成感や自信をもち，自分のよさや可能性に気付き，自分の人生や将来について考えていくことである。

　総合的な学習の時間においては，こうした形で自己の生き方を考えることが大

切である。その際，具体的な活動や事象との関わりをよりどころとし，また身に付けた資質・能力を用いて，よりよく課題を解決する中で多様な視点から考えることが大切である。また，その考えを深める中で，更に考えるべきことが見いだされるなど，常に自己との関係で見つめ，振り返り，問い続けていこうとすることが重要である。

●2　総合的な学習の時間で育成することを目指す資質・能力

総合的な学習の時間で育成することを目指す資質・能力については，他教科等と同様に，総則に示された「知識及び技能」，「思考力，判断力，表現力等」，「学びに向かう力，人間性等」という三つの柱から明示された。

> (1)　探究的な学習の過程において，課題の解決に必要な知識及び技能を身に付け，課題に関わる概念を形成し，探究的な学習のよさを理解するようにする。

総合的な学習の時間の内容は，後述のように各学校において定めるものである。このため，従来は，総合的な学習の時間において身に付ける資質・能力として，どのような知識を身に付けることが必要かということについては，具体的に示されてこなかった。しかし，この時間の学習を通して児童が身に付ける知識は質・量ともに大きな意味をもつ。探究的な見方・考え方を働かせて，教科等横断的・総合的な学習に取り組むという総合的な学習の時間だからこそ獲得できる知識は何かということに着目することが必要である。総合的な学習の時間における探究の過程では，児童は，教科等の枠組みを超えて，長時間じっくり課題に取り組む中で，様々な事柄を知り，様々な人の考えに出会う。その中で，具体的・個別的な事実だけでなく，それらが複雑に絡み合っている状況についても理解するようになる。その知識は，教科書や資料集に整然と整理されているものを取り込んで獲得するものではなく，探究の過程を通して，自分自身で取捨・選択し，整理し，既にもっている知識や体験と結び付けながら，構造化し，身に付けていくものである。こうした過程を経ることにより，獲得された知識は，実社会・実生活における様々な課題の解決に活用可能な生きて働く知識，すなわち概念が形成されるのである。

各教科等においても，「主体的・対話的で深い学び」を通して，事実的な知識から概念を獲得することを目指すものである。総合的な学習の時間では，各教科等で習得した概念を実生活の課題解決に活用することを通して，それらが統合さ

13

れ，より一般化されることにより，汎用的に活用できる概念を形成することができる。

技能についても同様である。課題の解決に必要な技能は，例えば，インタビューのときには，聞くべきことを場合分けしながら計画する技能，資料を読み取るときには，大事なことを読み取ってまとめる技能，稲刈りなどの体験をするときには，安全に気を付けて体を動かす技能などが考えられる。こうした技能は，各教科等の学習を通して，事前にある程度は習得されていることを前提として行われつつ，探究を進める中でより高度な技能が求められるようになる。このような必要感の中で，注意深く体験を積んで，徐々に自らの力でできるようになり身体化されていく。技能と技能が関連付けられて構造化され，統合的に活用されるようにもなる。

探究的な学習のよさを理解するということは，探究的な学習はよいものだというようなことを児童が観念的に説明できるようになることを目指すものではない。総合的な学習の時間だけではなく，様々な場面で児童自らが探究的に学習を進めるようになることが，そのよさを理解した証となる。そのためには，この時間で行う探究的な学習が，学習全般や生活と深く関わっていることや学びという営みの本質であることへの気付きを大事にすることが欠かせない。

一方で，身に付けた知識及び技能や思考力，判断力，表現力等が総合的に活用，発揮されることが，探究的な学習のよさでもある。学んだことの有用性を実感するためにも，他教科等とこの時間との資質・能力の関連を，児童自身が見通せるようにする必要がある。そのためにも，学習を進める中で，その関連を明示していくことや，学習においてどのような関連が実現されたのかを振り返ることなどが考えられる。

---

(2) 実社会や実生活の中から問いを見いだし，自分で課題を立て，情報を集め，整理・分析して，まとめ・表現することができるようにする。

育成を目指す資質・能力の三つの柱のうち，主に「思考力，判断力，表現力等」に対応するものとしては，実社会や実生活の中から問いを見いだし，自分で課題を立て，情報を集め，整理・分析して，まとめ・表現するという，探究的な学習の過程において発揮される力を示している。

具体的には，身に付けた「知識及び技能」の中から，当面する課題の解決に必要なものを選択し，状況に応じて適用したり，複数の「知識及び技能」を組み合わせたりして，適切に活用できるようになっていくことと考えることができる。

なお，教科等横断的な情報活用能力や問題発見・解決能力を構成している個別の「知識及び技能」や，各種の「考えるための技法」も，単にそれらを習得している段階から更に一歩進んで，課題や状況に応じて選択したり，適用したり，組み合わせたりして活用できるようになっていくことが，「思考力，判断力，表現力等」の具体と考えることができる。こうしたことを通して，知識や技能は，既知の限られた状況においてのみならず，未知の状況においても課題に応じて自在に駆使できるものとなっていく。

このように，「思考力，判断力，表現力等」は，「知識及び技能」とは別に存在していたり，「知識及び技能」を抜きにして育成したりできるものではない。いかなる課題や状況に対しても，「知識及び技能」が自在に駆使できるものとなるよう指導を工夫することこそが「思考力，判断力，表現力等」の育成の具体にほかならない。

そのためにも，情報活用能力や問題発見・解決能力を構成する個別の「知識及び技能」，「考えるための技法」に出会い，親しみ，必要に応じて身に付けられるような機会を，総合的な学習の時間や他教科等の中で，意図的・計画的・組織的に設けること等の配慮や工夫が重要になってくる。あるいは，総合的な学習の時間においては，探究的な学習の過程を通すというこの時間の趣旨を生かして，課題を解決したいという児童の必要感を前提に，その解決の過程に適合する「知識及び技能」を教師が指導するという方法もあり得る。

そのようにして身に付けた「知識及び技能」は，様々な課題の解決において活用・発揮され，うまくいったりうまくいかなかったりする経験を経ながら，学んだ当初とは異なる状況においても自在に駆使できるようになっていく。このことが，個別の「知識及び技能」の習得という段階を超えた，「思考力，判断力，表現力等」の育成という段階である。

このような資質・能力については，やり方を教えられて覚えるということだけでは育まれないものである。実社会や実生活の課題について探究のプロセス（①課題の設定→②情報の収集→③整理・分析→④まとめ・表現）を通して，児童が実際に考え，判断し，表現することを通して身に付けていくことが大切になる。

実社会や実生活には，解決すべき問題が多方面に広がっている。その問題は，複合的な要素が入り組んでいて，答えが一つに定まらず，容易には解決に至らないことが多い。**自分で課題を立てる**とは，そうした問題と向き合って，自分で取り組むべき課題を見いだすことである。この課題は，解決を目指して学習するためのものである。その意味で課題は，児童が解決への意欲を高めるとともに，解決への具体的な見通しをもてるものであり，そのことが主体的な課題の解決につながっていく。

課題は，問題をよく吟味して児童が自分でつくり出すことが大切である。例えば，日頃から解決すべきと感じていた問題を改めて見つめ直す，具体的な事象を比較したり，関連付けたりして，そこにある矛盾や理想との隔たりを認識することなどが考えられる。また，地域の人やその道の専門家との交流も有効である。そこで知らなかった事実を発見したり，その人たちの真剣な取組や生き様に共感したりして，自分にとって一層意味や価値のある課題を見いだすことも考えられる。

課題の解決に向けては，自分で情報を集めることが欠かせない。自分で，何が解決に役立つかを見通し，足を運んだり，情報手段を意図的・計画的に用いたり，他者とのコミュニケーションを通したりして情報を集めることが重要である。調べていく中で，探究している課題が，社会で解決が求められている切実な問題と重なり合っていることを知り，さらにそれに尽力している人と出会うことにより，問題意識は一層深まる。同一の学習対象でも，個別に追究する児童の課題が多様であれば，互いの情報を結び合わせて，現実の問題の複雑さや総合性に気付くこともある。

収集した情報は，整理・分析する。整理は，課題の解決にとってその情報が必要かどうかを判断し取捨選択することや，解決の見通しにしたがって情報を順序よく並べたり，書き直したりすることなどを含む。分析は，整理した情報を基に，比較・分類したりして傾向を読み取ったり，因果関係を見付けたりすることを含む。複数の情報を組み合わせて，新しい関係性を創り出すことも重要である。

整理・分析された情報からは，自分自身の意見や考えをまとめて，それを表現する。他者との相互交流や表現による振り返りを通して，課題が更新されたり，新たに調べることを見いだしたり，意見や考えが明らかになったりする。

これらの各プロセスで発揮される資質・能力の育成が期待されている。それは，探究のプロセスが何度も繰り返される中で確実に育っていくものと考えることができる。

---

(3) 探究的な学習に主体的・協働的に取り組むとともに，互いのよさを生かしながら，積極的に社会に参画しようとする態度を養う。

探究的な学習では，児童が，身近な人々や社会，自然に興味・関心をもち，それらに意欲的に関わろうとする主体的，協働的な態度が欠かせない。探究的な学習に主体的に取り組むというのは，自らが設定した課題の解決に向けて真剣に本気になって学習活動に取り組むことを意味している。それは，解決のために，見

通しをもって，自ら計画を立てて学習に向かう姿でもある。具体的には，どのように情報を集め，どのように整理・分析し，どのようにまとめ・表現を行っていくのかを考え，実際に社会と関わり，行動していく姿として表れるものと考えられる。

課題の解決においては，主体的に取り組むこと，協働的に取り組むことが重要である。なぜなら，それがよりよい課題の解決につながるからである。

総合的な学習の時間で育成することを目指す資質・能力は，よりよく課題を解決し，自分の生き方を考えるための資質・能力である。こうした資質・能力を育むためには，自ら問いを見いだし，課題を立て，よりよい解決に向けて主体的に取り組むことが重要である。他方，複雑な現代社会においては，いかなる問題についても，一人だけの力で何かを成し遂げることは困難である。これが協働的に探究を進めることが求められる理由である。例えば，他の児童と協働的に取り組むことで，学習活動が発展したり課題への意識が高まったりする。異なる見方があることで解決への糸口もつかみやすくなる。また，他者と協働的に学習する態度を育てることが，求められているからでもある。このように，探究的な学習においては，他者と協働的に取り組み，異なる意見を生かして新たな知を創造しようとする態度が欠かせない。

こうして探究的な学習に主体的・協働的に取り組む中で，互いの資質・能力を認め合い，相互に生かし合う関係が期待されている。また，探究的な学習の中で児童が感じる手応えは，一人一人の意欲や自信となり次の課題解決を推進していく。

このように，総合的な学習の時間を通して，自ら社会に関わり参画しようとする意志，社会を創造する主体としての自覚が，一人一人の児童の中に徐々に育成されることが期待されているのである。実社会や実生活の課題を探究しながら，自己の生き方を問い続ける姿が一人一人の児童に涵養されることが求められているのである。

この「学びに向かう力，人間性等」については，よりよい生活や社会の創造に向けて，自他を尊重すること，自ら取り組んだり異なる他者と力を合わせたりすること，社会に寄与し貢献することなどの適正かつ好ましい態度として「知識及び技能」や「思考力，判断力，表現力等」を活用・発揮しようとすることと考えることができる。

これら育成を目指す資質・能力の三つの柱は，個別に育成されるものではなく，探究的な学習において，よりよい課題の解決に取り組む中で，相互に関わり合いながら高められていくものとして捉えておく必要がある。

第3章 各学校において定める目標及び内容

　各学校は，第1に示された総合的な学習の時間の目標を踏まえて，各学校の総合的な学習の時間の目標や内容を適切に定めて，創意工夫を生かした特色ある教育活動を展開する必要がある。ここに総合的な学習の時間の大きな特質がある。こうした特質を踏まえ，今回の改訂では，各学校において定める目標や内容についての考え方について，「第3　指導計画の作成及び内容の取扱い」から「第2　各学校において定める目標及び内容」へと移すことで，より明確に示すこととした。

　本章では，各学校において定める目標及び内容を設定していく際の基本的な考え方と留意すべき点について述べる。なお，本章及び第4章で解説する，学習指導要領第5章総合的な学習の時間の各規定の相互の関係については，下図のように示すことができる。

第5章　総合的な学習の時間の構造イメージ（小学校）

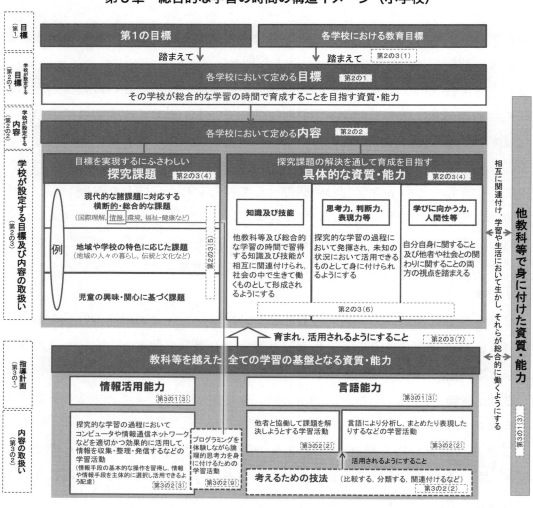

第1節　各学校において定める目標

> 1　目標
>
> 　各学校においては，第1の目標を踏まえ，各学校の総合的な学習の時間の目標を定める。

　各学校においては，第1の目標を踏まえ，各学校の総合的な学習の時間の目標を定め，その実現を目指さなければならない。この目標は，各学校が総合的な学習の時間での取組を通して，どのような児童を育てたいのか，また，どのような資質・能力を育てようとするのか等を明確にしたものである。

　各学校において総合的な学習の時間の目標を定めるに当たり，**第1の目標を踏まえ**とは，本解説第2章で解説した第1の目標の趣旨を適切に盛り込むということである。

　具体的には，第1の目標の構成に従って，以下の二つを反映させることが，その要件となる。

(1) 「探究的な見方・考え方を働かせ，横断的・総合的な学習を行うことを通して」，「よりよく課題を解決し，自己の生き方を考えていくための資質・能力を育成することを目指す」という，目標に示された二つの基本的な考え方を踏まえること。

(2) 育成を目指す資質・能力については，「育成すべき資質・能力の三つの柱」である「知識及び技能」，「思考力，判断力，表現力等」，「学びに向かう力，人間性等」の三つのそれぞれについて，第1の目標の趣旨を踏まえること。

　各学校において定める総合的な学習の時間の目標は，第1の目標を適切に踏まえて，この時間全体を通して各学校が育てたいと願う児童の姿や育成を目指す資質・能力，学習活動の在り方などを表現したものになることが求められる。

　その際，上記の二つの要件を適切に反映していれば，これまで各学校が取り組んできた経験を生かして，各目標の要素のいずれかを具体化したり，重点化したり，別の要素を付け加えたりして目標を設定することが考えられる。なお，各学校における目標の設定に当たって配慮すべき事項については，改めて本章第3節で述べる。また，各学校における目標の設定の手順や方法については，本解説第5章第2節で詳しく解説する。

　各学校において目標を定めることを求めているのは，①各学校が創意工夫を生

かした探究的な学習や横断的・総合的な学習を実施することが期待されているからである。それには，地域や学校，児童の実態や特性を考慮した目標を，各学校が主体的に判断して定めることが不可欠である。また，②各学校における教育目標を踏まえ，育成を目指す資質・能力を明確に示すことが望まれているからである。これにより，総合的な学習の時間が各学校のカリキュラム・マネジメントの中核になることが今まで以上に明らかとなった。そして，③学校として教育課程全体の中での総合的な学習の時間の位置付けや他教科等の目標及び内容との違いに留意しつつ，この時間で取り組むにふさわしい内容を定めるためである。このように，各学校において総合的な学習の時間の目標を定めるということには，主体的かつ創造的に指導計画を作成し，学習活動を展開するという意味がある。

　なお，総合的な学習の時間が充実するために，中学校との接続を視野に入れ，連続的かつ発展的な学習活動が行えるよう目標を設定することも重要である。

第2節　各学校において定める内容

> 2　内容
> 　　各学校においては，第1の目標を踏まえ，各学校の総合的な学習の
> 時間の内容を定める。

　各学校においては，第1の目標を踏まえ，各学校の総合的な学習の時間の内容を定めることが求められている。総合的な学習の時間では，各教科等のように，どの学年で何を指導するのかという内容を学習指導要領に明示していない。これは，各学校が，第1の目標の趣旨を踏まえて，地域や学校，児童の実態に応じて，創意工夫を生かした内容を定めることが期待されているからである。

　今回の改訂において，総合的な学習の時間については，内容の設定に際し，「目標を実現するにふさわしい探究課題」，「探究課題の解決を通して育成を目指す具体的な資質・能力」の二つを定める必要があるとされた。

　目標を実現するにふさわしい探究課題とは，目標の実現に向けて学校として設定した，児童が探究的な学習に取り組む課題であり，従来「学習対象」として説明されてきたものに相当する。つまり，探究課題とは，探究的に関わりを深める人・もの・ことを示したものである。具体的には，例えば「身近な自然環境とそこで起きている環境問題」，「地域の伝統や文化とその継承に力を注ぐ人々」，「実社会で働く人々の姿と自己の将来」などが考えられる。

　一方，**探究課題の解決を通して育成を目指す具体的な資質・能力**とは，各学校において定める目標に記された資質・能力を各探究課題に即して具体的に示したものであり，教師の適切な指導の下，児童が各探究課題の解決に取り組む中で，育成することを目指す資質・能力のことである。

　このように，総合的な学習の時間の内容は，目標を実現するにふさわしい探究課題と，探究課題の解決を通して育成を目指す具体的な資質・能力の二つによって構成される。両者の関係については，目標の実現に向けて，児童が「何について学ぶか」を表したものが探究課題であり，各探究課題との関わりを通して，具体的に「どのようなことができるようになるか」を明らかにしたものが具体的な資質・能力という関係になる。

　また，各学校においては，内容を指導計画に適切に位置付けることが求められる。その際，学年間の連続性，発展性や中学校との接続，他教科等の目標及び内容との違いに留意しつつ，他教科等で育成を目指す資質・能力との関連を明らかにして，内容を定めることが重要である。なお，それぞれの設定に当たって配慮

すべき事項等については，改めて本章第3節で述べる。また，各学校における内
容の設定の手順や方法については，本解説第5章第3節で詳しく解説する。

第3章
各学校におい
て定める目標
及び内容

第3節　各学校において定める目標及び内容の取扱い

> 3　各学校において定める目標及び内容の取扱い
>
> 　各学校において定める目標及び内容の設定に当たっては，次の事項に配慮するものとする。
>
> (1)　各学校において定める目標については，各学校における教育目標を踏まえ，総合的な学習の時間を通して育成を目指す資質・能力を示すこと。

　各学校において定める目標については，各学校における教育目標を踏まえ，総合的な学習の時間を通して育成を目指す資質・能力を示す必要がある。

　各学校における教育目標を踏まえとは，各学校において定める総合的な学習の時間の目標が，この時間の円滑で効果的な実施のみならず，各学校において編成する教育課程全体の円滑で効果的な実施に資するものとなるよう配慮するということである。

　第1章総則の第2の1において，教育課程の編成に当たって，学校教育全体や各教科等における指導を通して育成を目指す資質・能力を踏まえつつ，各学校の教育目標を明確にすることが定められた。あわせて，各学校の教育目標を設定するに当たっては，「第5章総合的な学習の時間の第2の1に基づき定められる目標との関連を図るものとする。」とされた。各学校における教育目標には，地域や学校，児童の実態や特性を踏まえ，主体的・創造的に編成した教育課程によって実現を目指す児童の姿等が描かれることになる。各学校における教育目標を踏まえ，総合的な学習の時間の目標を設定することによって，総合的な学習の時間が，各学校の教育課程の編成において，特に教科等横断的なカリキュラム・マネジメントという視点から，極めて重要な役割を担うことが今まで以上に鮮明となった。

　学校教育目標は，教育課程全体を通して実現していくものである。その意味で，総合的な学習の時間も他教科等と同様，それぞれの特質に応じた役割を果たすことで，学校教育目標の実現に貢献していくことに変わりはない。

　その一方で，各学校において定める総合的な学習の時間の目標には，第1の目標を踏まえつつ，各学校が育てたいと願う児童の姿や育成すべき資質・能力などを，各学校の創意工夫に基づき明確に示すことが期待されている。つまり，総合的な学習の時間の目標は，学校の教育目標と直接的につながるという，他教科等にはない独自な特質を有するということを意味している。このため，各学校の教

育目標を教育課程で具現化していくに当たって，総合的な学習の時間の目標が学校の教育目標を具体化し，そして総合的な学習の時間と各教科等の学習を関連付けることにより，総合的な学習の時間を軸としながら，教育課程全体において，各学校の教育目標のよりよい実現を目指していくことになる。

また，総合的な学習の時間は，教科等を越えた全ての学習の基盤となる資質・能力を育むとともに，各教科等で身に付けた資質・能力を相互に関連付け，学習や生活に生かし，それらが総合的に働くようにするものである。このような形で各教科等の学習と総合的な学習の時間の学習が往還することからも，総合的な学習の時間は教科等横断的な教育課程の編成において重要な役割を果たす。

こうしたことを踏まえ，各学校において定める目標を設定するに当たっては，第1の目標の趣旨を踏まえつつ，例えば，各学校が育てたいと願う児童の姿や育成すべき資質・能力のうち，他教科等では十分な育成が難しいものについて示したり，あるいは，学校において特に大切にしたい資質・能力について，より深めるために，総合的な学習の時間の目標に明記し，その実現を目指して取り組んでいったりすることなどが考えられる。

総合的な学習の時間を通して育成を目指す資質・能力を示すとは，各学校における教育目標を踏まえて，各学校において定める目標の中に，この時間を通して育成を目指す資質・能力を「三つの柱」に即して具体的に示すということである。

その際，既に学校教育目標の中に実現を目指す望ましい児童の姿が具体的に描かれている場合には，そこから無理なく育成を目指す資質・能力を導き出すことができると思われる。一方，実現を目指す児童の姿が抽象的，一般的，概括的に描かれている場合には，育成を目指す資質・能力を導き出すことが困難となる可能性がある。そのようなときは，校長のリーダーシップの下，実現を目指す児童の姿について改めて校内で議論し，育成を目指す資質・能力をイメージできる程度に具体化したり鮮明化したりすることが考えられる。この作業は，単に総合的な学習の時間の目標設定のみならず，学校の全ての教育活動の質の向上に資するものである。総合的な学習の時間の目標設定を契機に，校内で一体となって取り組み，共通理解を図ることが期待される。

このように，学校教育目標の中に実現を目指す望ましい児童の姿が具体的に描かれることは，そこにその学校ならではの強調点，独自性などが明確に示されることを意味する。したがって，それらを意識し，適切に反映させて育成を目指す資質・能力を記述していけば，自ずと，第1の目標との対比において，いずれかの要素の具体化や重点化，あるいは別の要素の付加が生じてくるであろう。

各学校においては，前回の改訂において定めてきた「学校の目標」や「育てよ

うとする資質や能力及び態度」を参考にし，実践から得られた知恵や経験を発展的に継承することが大切である。その際，第1の目標における(1)(2)(3)の記述からも分かるように，従来「学習方法に関すること」として示してきたことが，今回の改訂では，主として(2)「思考力，判断力，表現力等」に関わるものである。また従来「自分自身に関すること，他者や社会との関わりに関すること」という二つで示してきたことが，今回の改訂では，主として(3)「学びに向かう力，人間性等」に関わるものである。これまでの実践を参考に，適切な資質・能力を検討することが求められる。

> (2) 各学校において定める目標及び内容については，他教科等の目標及び内容との違いに留意しつつ，他教科等で育成を目指す資質・能力との関連を重視すること。

　各教科等は，それぞれ固有の目標と内容をもっている。それぞれが役割を十分に果たし，その目標をよりよく実現することで，教育課程は全体として適切に機能することになる。各学校においては，他教科等の目標及び内容との違いに十分留意し，目標及び内容を定めることが求められる。その上で，各学校において定める目標及び内容については，他教科等で育成を目指す資質・能力との関連を重視することが大切である。

　総合的な学習の時間と**他教科等で育成を目指す資質・能力との関連を重視する**とは，各教科等の目標に示されている，育成を目指す資質・能力の三つの柱ごとに関連を考えることである。すなわち，「知識及び技能」，「思考力，判断力，表現力等」，「学びに向かう力，人間性等」のそれぞれにおいて資質・能力の関連を考えることであり，その際，各学校で定める目標及び内容が，他教科等における目標及び内容とどのような関係にあるかを意識しておくことがポイントとなる。

　総合的な学習の時間は，教科等を越えた全ての学習の基盤となる資質・能力を育むとともに，各教科等で身に付けた資質・能力を相互に関連付け，学習や生活に生かし，それらが総合的に働くようにするものである。このような形で各教科等の学習と総合的な学習の時間の学習が往還することを意識し，例えば，各教科共通で特に重視したい態度などを総合的な学習の時間の目標において示したり，各教科等で育成する「知識及び技能」や「思考力，判断力，表現力等」が総合的に働くような内容を総合的な学習の時間において設定したりすることなどが考えられる。

　総合的な学習の時間で育成を目指す資質・能力と，他教科等で育成を目指す資質・能力との共通点や相違点を明らかにして目標及び内容を定めることは，冒頭

に示した教育課程全体において各教科等がそれぞれに役割を十分に果たし，教育課程が全体として適切に機能することに大きく寄与する。そのためにも，総合的な学習の時間の目標及び内容を設定する際には，他教科等の資質・能力との関連を重視することが大切なのである。

　このことは，中央教育審議会答申において示されたカリキュラム・マネジメントの三つの側面で考えるならば，特に「各教科等の教育内容を相互の関係で捉え，学校の教育目標を踏まえた教科等横断的な視点で，その目標の達成に必要な教育の内容を組織的に配列していくこと」という側面に深く関係するものと考えることができる。

---

(3)　各学校において定める目標及び内容については，日常生活や社会との関わりを重視すること。

　各学校において目標や内容を定めるとは，どのような児童を育てたいのか，そのためにどのような資質・能力を育成するのか，さらに，それをどのような探究課題の解決を通して，具体的な資質・能力として育成を実現していこうとするのかなどを明らかにすることである。ここでは，各学校において目標や内容を定めるに当たっては，日常生活や社会との関わりを重視することが大切であることを示している。

　日常生活や社会との関わりを重視するということには，以下の三つの意味がある。

　一つ目は，総合的な学習の時間では，実社会や実生活において生きて働く資質・能力の育成が期待されていることである。実際の生活にある課題を取り上げることで，児童は日常生活や社会において，課題を解決しようと真剣に取り組み，自らの能力を存分に発揮する。その中で育成された資質・能力は，実社会や実生活で生きて働くものとして育成される。

　二つ目は，総合的な学習の時間では，児童が主体的に取り組む学習が求められていることである。日常生活や社会に関わる課題は，自分とのつながりが明らかであり児童の関心も高まりやすい。また，直接体験なども行いやすく，身体全体を使って，本気になって取り組む児童の姿が生み出される。

　三つ目は，総合的な学習の時間では，児童にとっての学ぶ意義や目的を明確にすることが重視されていることである。自ら設定した課題を解決する過程では，地域の様々な人との関わりが生じることも考えられる。そうした学習活動では，「自分の力で解決することができた」，「自分が学習したことが地域の役に立った」などの，課題の解決に取り組んだことへの自信や自尊感情が育まれ，日常生

活や社会への参画意識も醸成される。

　このように，各学校においては，これらのことに配慮しつつ，目標及び内容を定めることが求められる。実際の生活の中にある問題や地域の事象を取り上げ，それらを実際に解決していく過程が大切であり，そのことが総合的な学習の時間の充実につながる。

　こうして行われる探究的な学習では，児童が自ら設定した課題などを，自分と切り離して見たり扱ったりするのではなく，自分や自分の生活との関わりの中で捉え，考えることになる。また，人や社会，自然を，別々の存在として認識するのではなく，それぞれがつながり合い関係し合うものとして捉え，認識しようとすることにもつながる。総合的な学習の時間では，それぞれの児童が具体的で関係的な認識を，自ら構築していくことを期待している。このように，日常生活や社会との関わりを重視した探究的な学習を行うことに，総合的な学習の時間のもつ重要性がある。

> (4) 各学校において定める内容については，目標を実現するにふさわしい探究課題，探究課題の解決を通して育成を目指す具体的な資質・能力を示すこと。

　各学校において定める内容について，今回の改訂では新たに，「目標を実現するにふさわしい探究課題」，「探究課題の解決を通して育成を目指す具体的な資質・能力」の二つを定めることが示された。

　目標を実現するにふさわしい探究課題とは，目標の実現に向けて学校として設定した，児童が探究的な学習に取り組む課題であり，従来「学習対象」として説明されてきたものに相当する。つまり，探究課題とは，探究的に関わりを深める人・もの・ことを示したものであり，例えば「身近な自然環境とそこで起きている環境問題」，「地域の伝統や文化とその継承に力を注ぐ人々」，「実社会で働く人々の姿と自己の将来」などである。

　ここでいう探究課題とは，指導計画の作成段階において各学校が内容として定めるものであって，学習活動の中で児童が自ら設定する課題のことではない。学校なり教師が，探究を通して児童にどのような資質・能力を育成したいと考えるかを，学習対象の水準で表現したものである。つまり，単元なり1単位時間の授業において，どのような教材なり問題場面と児童を出会わせ，児童がどのような課題をもって探究的な学習活動を展開していくかを構想する基盤となるものが内容としての探究課題である。

　一方，**探究課題の解決を通して育成を目指す具体的な資質・能力**とは，各学校

において定める目標に記された資質・能力を，各探究課題に即して具体的に示したものであり，教師の適切な指導の下，児童が各探究課題の解決に取り組む中で，育成することを目指す資質・能力のことである。

この具体的な資質・能力も，「知識及び技能」，「思考力，判断力，表現力等」，「学びに向かう力，人間性等」という資質・能力の三つの柱に即して設定していくことになる。

このように，総合的な学習の時間の内容は，探究課題と具体的な資質・能力の二つによって構成される。そして，両者の関係については，目標の実現に向けて，児童が「何を学ぶか（どのような対象と関わり探究的な学習を行うか）」を表したものが「探究課題」であり，各探究課題との関わりを通して，具体的に「何ができるようになるか（探究的な学習を通して，どのような児童の姿を実現するか）」を明らかにしたものが「具体的な資質・能力」という関係になる。

第1の目標は，各学校においてどのような内容を設定する場合であっても共通して育成することを目指す資質・能力，望ましい児童の成長の姿を記述している。一方，探究課題と共に内容を構成する，具体的な資質・能力とは，特定の領域や対象に関わる探究課題の解決を通して，どのような資質・能力の育成を目指すかを具体的に記述するものである。

当然のことながら，各探究課題にはその課題ならではの特質があるため，学校の目標に示された資質・能力のうち，特定の要素や側面が特に効果的に育成できる可能性が高いといったことが起こりうる。具体的な資質・能力の設定に当たっては，そのような探究課題ごとの特質を踏まえ，各探究課題の解決を通して，設定した具体的な資質・能力が最も効果的に育成されるよう工夫することが求められる。

なお，全体を見通した際に，目標で示した資質・能力のうち，特定の要素や側面の育成に弱さや偏りが認められた場合には，探究課題それ自体の設定から見直すことも含めて，内容の全体を見直していく必要がある。このように，探究課題と具体的な資質・能力は相互に深く関連している。したがって，内容の設定に際しては，両者の間を行きつ戻りつしながら柔軟に進める必要が生じることもある。

内容の設定において大切なのは，児童が全ての内容に関わる学びを経験し終わった時に，各学校において定める目標，その中に示した資質・能力が確かに実現されるよう，適切かつ効果的，効率的に内容を設定することである。

(5) 目標を実現するにふさわしい探究課題については，学校の実態に応じて，例えば，国際理解，情報，環境，福祉・健康などの現代的な諸課題に対応する横断的・総合的な課題，地域の人々の暮らし，伝統と文化など地域や学校の特色に応じた課題，児童の興味・関心に基づく課題などを踏まえて設定すること。

目標を実現するにふさわしい探究課題とは，目標の実現に向けて学校として設定した，児童が探究的な学習に取り組む課題であり，従来「学習対象」として説明されてきたものに相当する。

目標を実現するにふさわしい探究課題については，学校の実態に応じて，例えば，国際理解，情報，環境，福祉・健康などの現代的な諸課題に対応する横断的・総合的な課題，地域の人々の暮らし，伝統と文化など地域や学校の特色に応じた課題，児童の興味・関心に基づく課題など，横断的・総合的な学習としての性格をもち，探究的な見方・考え方を働かせて学習することがふさわしく，それらの解決を通して育成される資質・能力が，よりよく課題を解決し，自己の生き方を考えていくことに結び付いていくような，教育的に価値のある諸課題であることが求められる。

しかし，本項において挙げられているそれぞれの課題は，あくまでも例示であり，各学校が探究課題を設定する際の参考として示したものである。これらの例示を参考にしながら，地域や学校，児童の実態に応じて，探究課題を設定することが求められる。

例示されたこれらの課題は，第3学年から第6学年までの児童の発達の段階において，第1の目標の構成から導かれる以下の三つの要件を，適切に実施するものとして考えられた。

(1) 探究的な見方・考え方を働かせて学習することがふさわしい課題であること

(2) その課題をめぐって展開される学習が，横断的・総合的な学習としての性格をもつこと

(3) その課題を学ぶことにより，よりよく課題を解決し，自己の生き方を考えていくことに結び付いていくような資質・能力の育成が見込めること

以下に，例示した課題の特質について示す。

国際理解，情報，環境，福祉・健康などの現代的な諸課題に対応する横断的・総合的な課題とは，社会の変化に伴って切実に意識されるようになってきた現代

社会の諸課題のことである。そのいずれもが，持続可能な社会の実現に関わる課題であり，現代社会に生きる全ての人が，これらの課題を自分のこととして考え，よりよい解決に向けて行動することが望まれている。また，これらの課題については正解や答えが一つに定まっているものではなく，従来の各教科等の枠組みでは必ずしも適切に扱うことができない。したがって，こうした課題を総合的な学習の時間の探究課題として取り上げ，その解決を通して具体的な資質・能力を育成していくことには大きな意義がある。

地域の人々の暮らし，伝統と文化など地域や学校の特色に応じた課題とは，町づくり，伝統文化，地域経済，防災など，各地域や各学校に固有な諸課題のことである。全ての地域社会には，その地域ならではのよさがあり特色がある。古くからの伝統や習慣が現在まで残されている地域，地域の気候や風土を生かした特産物や工芸品を製造している地域など，様々に存在している。これらの特色に応じた課題は，よりよい郷土の創造に関わって生じる地域ならではの課題であり，児童が地域における自己の生き方との関わりで考え，よりよい解決に向けて地域社会で行動していくことが望まれている。また，これらの課題についても正解や答えが一つに定まっているものではなく，従来の各教科等の枠組みでは必ずしも適切に扱うことができない。したがって，こうした課題を総合的な学習の時間の探究課題として取り上げ，その解決を通して具体的な資質・能力を育成していくことには大きな意義がある。

児童の興味・関心に基づく課題とは，児童がそれぞれの発達段階に応じて興味・関心を抱きやすい課題のことである。例えば，将来への夢や憧れをもち挑戦しようとすること，ものづくりなどを行い楽しく豊かな生活を送ろうとすること，生命の神秘や不思議さを明らかにしたいと思うことなどが考えられる。これらの課題は，一人一人の生活と深く関わっており，児童が自己の生き方との関わりで考え，よりよい解決に向けて行動することが望まれている。

総合的な学習の時間は，児童が，自ら学び，自ら考える時間であり，児童の主体的な学習態度を育成する時間である。また，自己の生き方を考えることができるようにすることを目指した時間である。その意味からも，総合的な学習の時間において，児童の興味・関心に基づく探究課題を取り上げ，その解決を通して具体的な資質・能力を育成していくことには大きな意義がある。

児童の興味・関心に基づく課題については，横断的・総合的な学習として，探究的な見方・考え方を働かせ，学習の質的高まりが期待できるかどうかを，教師が十分に判断する必要がある。たとえ児童が興味・関心を抱いた課題であっても，総合的な学習の時間の目標にふさわしくない場合や十分な学習の成果が得られない場合には，適切に指導を行うことが求められる。

なお，このことについては，第1章総則の第2の2「教科等横断的な視点に立った資質・能力の育成」の(2)と深く関わっている。

---

　(6)　探究課題の解決を通して育成を目指す具体的な資質・能力については，次の事項に配慮すること。
　　ア　知識及び技能については，他教科等及び総合的な学習の時間で習得する知識及び技能が相互に関連付けられ，社会の中で生きて働くものとして形成されるようにすること。
　　イ　思考力，判断力，表現力等については，課題の設定，情報の収集，整理・分析，まとめ・表現などの探究的な学習の過程において発揮され，未知の状況において活用できるものとして身に付けられるようにすること。
　　ウ　学びに向かう力，人間性等については，自分自身に関すること及び他者や社会との関わりに関することの両方の視点を踏まえること。

　探究課題の解決を通して育成を目指す具体的な資質・能力とは，各学校において定める目標に記された資質・能力を，各探究課題に即して具体的に示したものであり，教師の適切な指導の下，児童が各探究課題の解決に取り組む中で，育成することを目指す資質・能力のことである。

　具体的な資質・能力については，他教科等と同様に，「育成すべき資質・能力の三つの柱」である「知識及び技能」，「思考力，判断力，表現力等」，「学びに向かう力，人間性等」に沿って設定していくが，その際，それぞれ以下の点に配慮する必要がある。

　「知識及び技能」については，他教科等及び総合的な学習の時間で習得する「知識及び技能」が相互に関連付けられ，社会の中で生きて働くものとして形成されるようにすることが大切である。今回の改訂では，資質・能力として各教科等で身に付ける「知識及び技能」については，具体的な事実に関する知識，個別的な手順の実行に関する技能に加えて，複数の事実に関する知識や手順に関する技能が相互に関連付けられ，統合されることによって概念として形成されるようにすることを重視している。こうした概念が理解されることにより，知識や技能は，それが習得された特定の文脈に限らず，日常の様々な場面で活用可能なものとなっていく。

　総合的な学習の時間においても，個々の探究課題を解決しようとする中で，児童は様々な知識や技能を結果的に習得していくが，それらが統合されて概念的理

解にまで達することを目指すことが求められる。そのために，まずは内容の設定の段階において，どのような概念の形成を期待するのかということを明示する必要がある。

「思考力，判断力，表現力等」についても，「知識及び技能」を未知の状況において活用できるものとして身に付けるようにすることが大切である。そのためにも，様々に異なる状況や複雑で答えが一つに定まらない問題に対して，「知識及び技能」を繰り返し活用・発揮することが大切になる。その過程で，問題状況の特質や情報の性質，表現する相手やその目的等によって，どの「知識及び技能」が適切であり有効であるかなどに気付いていく。そのような経験の積み重ねの中で，次第に未知の状況においても活用できるものとして，思考力，判断力，表現力等は確かに育成されていく。

したがって，まずは内容の設定の段階において，探究課題の特質から想定される問題状況，収集が可能な情報の性質，整理・分析において有効な観点，まとめ・表現において想定される相手や目的などを十分に検討すべきである。また，その探究課題の解決において，どのような思考力，判断力，表現力等が求められるのか，効果的であるかを十分に予測し，その解決を通して育成を目指す具体的な資質・能力として設定することが求められる。

例えば，ビオトープづくりに取り組んでいる中で，水生生物グループが，水生昆虫をトンボや鳥から守るために池にネットをかけることを提案する。この提案に対し，ビオトープにトンボを呼びたいグループは反対する。この話合いの中で，それぞれのグループは一面的な視点でしか対象を捉えていなかったことを自覚していく。ここで教師が，環境という事象にはどういう意味があるのか，同様の関係は他の生き物の間にもないか，それら全てを通して一貫した特徴は何か，といったことへと学びをもう一段進められるよう指導する。その結果，児童はそこにいる生物同士の関係などについての理解を深めながら，「多様性（それぞれには特徴があり，多種多様に存在していること）」，「相互性（互いに関わりながらよさを生かしていること）」，「有限性（物事には終わりがあり，限りがある）」など，環境問題の本質に関する概念的理解へと到達することができる。また，こうして概念的に理解された（概念として獲得された）知識は，ビオトープづくりという具体的な文脈だけでなく，さらに別の環境問題や，環境問題以外でも，今後出会う多様な事物・現象について考えるに当たって，存分に活用・発揮できることも期待できる。

あるいは，福祉に関わる学習を進める中で，高齢者や障害者にとってよりよい介助や支援の仕方は，障害の種類や程度，その人の身体の状態やその日の体調などによっても大きく変化することを経験する。しかし，更に様々な人に対する介

助や支援を経験する中で，そこに一人一人の状況に応じた配慮が求められるということ（個別性）に気付くとともに，状況は異なっても常に留意しなければならないこととして，相手の立場に立ち，相手の気持ちに寄り添うことが大切であるという本質的な理解に結び付く。この段階まで学びを深めることができたならば，次には，既に習得している様々な介助や支援に関する「知識及び技能」を，新たに出会う未知の具体的な場面に応じて創意工夫しながら自在に発揮できるようになる可能性は一気に高まってくる。

「学びに向かう力，人間性等」については，「自分自身に関すること及び他者や社会との関わりに関することの両方の視点を含む」ようにすることが求められる。先にも述べた通り，このことは，従来「育てようとする資質や能力及び態度」として示してきた三つの視点のうち，「自分自身に関すること」及び「他者や社会とのかかわりに関すること」の二つの視点の両方に関わるものである。

第1の目標において，「学びに向かう力，人間性等」に関しては，「探究的な学習に主体的・協働的に取り組むとともに，互いのよさを生かしながら，積極的に社会に参画しようとする態度を養う」ことが示されている。「他者や社会との関わり」として，課題の解決に向けた他者との協働を通して，積極的に社会に参画しようとする態度などを養うとともに，「自分自身に関すること」として，探究的な学習に主体的・協働的に取り組むことを通して，学ぶことの意義を自覚したり，自分のよさや可能性に気付いたり，学んだことを自信につなげたり，現在及び将来の自分の生き方につなげたりする内省的な考え方（Reflection）といった両方の視点を踏まえて，内容を設定することが考えられる。

探究課題の解決を通して育成を目指す具体的な資質・能力の考え方については，本解説第5章第3節の3において更に詳しく解説する。

> (7) 目標を実現するにふさわしい探究課題及び探究課題の解決を通して育成を目指す具体的な資質・能力については，教科等を越えた全ての学習の基盤となる資質・能力が育まれ，活用されるものとなるよう配慮すること。

目標を実現するにふさわしい探究課題及び探究課題の解決を通して育成を目指す具体的な資質・能力については，教科等を越えた全ての学習の基盤となる資質・能力が育まれ，活用されるものとなるよう配慮することが大切である。

第1章総則の第2の2の(1)においても，「学習の基盤となる資質・能力」として，言語能力，情報活用能力（情報モラルを含む。），問題発見・解決能力等を挙げており，総合的な学習の時間においても，**教科等を越えた全ての学習の基盤**

となる資質・能力としては，それぞれの学習活動との関連において，言語活動を通じて育成される言語能力（読解力や語彙力等を含む。），言語活動やICTを活用した学習活動等を通じて育成される情報活用能力，問題解決的な学習を通じて育成される問題発見・解決能力などが考えられる。

　これらは，他教科等でも，その教科等の特質に応じて展開される学習活動との関連において育成が目指されることになる。総合的な学習の時間においては，児童自らが課題を設定して取り組む，実社会・実生活の中にある複雑な問題状況の解決に取り組む，答えが一つに定まらない問題を扱う，多様な他者と協働したり対話したりしながら活動を展開するなど，この時間ならではの学習活動の特質を存分に生かす方向で，教科等を越えた全ての学習の基盤となる資質・能力の育成に貢献することが期待されている。

　総合的な学習の時間では，従来から，各学校において「育てようとする資質や能力及び態度」の例として「学習方法に関すること」を挙げ，例えば，情報を収集し分析する力，分かりやすくまとめ表現する力などを育成するといった視点を示してきたところであり，今回の改訂により，改めてその趣旨が明確にされたと言える。

　なお，このことについては，本解説第4章第1節の1の(3)においても改めて説明する。

第4章　指導計画の作成と内容の取扱い

第1節　指導計画の作成に当たっての配慮事項

●1　指導計画作成上の配慮事項

> 1　指導計画の作成に当たっては，次の事項に配慮するものとする。
> (1) 年間や，単元など内容や時間のまとまりを見通して，その中で育む資質・能力の育成に向けて，児童の主体的・対話的で深い学びの実現を図るようにすること。その際，児童や学校，地域の実態等に応じて，児童が探究的な見方・考え方を働かせ，教科等の枠を超えた横断的・総合的な学習や児童の興味・関心等に基づく学習を行うなど創意工夫を生かした教育活動の充実を図ること。

　本項は，総合的な学習の時間の指導計画の作成に当たり，児童の主体的・対話的で深い学びの実現を目指した授業改善を進めることとし，総合的な学習の時間の特質に応じて，効果的な学習が展開できるように配慮すべき内容を示したものである。

　総合的な学習の時間の指導に当たっては，(1)「知識及び技能」が習得されること，(2)「思考力，判断力，表現力等」を育成すること，(3)「学びに向かう力，人間性等」を涵養することが偏りなく実現されるよう，単元など内容や時間のまとまりを見通しながら，主体的・対話的で深い学びの実現に向けた授業改善を行うことが重要である。

　児童に総合的な学習の時間の指導を通して「知識及び技能」や「思考力，判断力，表現力等」の育成を目指す授業改善を行うことはこれまでも多くの実践が重ねられてきている。そのような着実に取り組まれてきた実践を否定し，全く異なる指導方法を導入しなければならないと捉えるのではなく，児童や学校の実態，指導の内容に応じ，「主体的な学び」，「対話的な学び」，「深い学び」の視点から授業改善を図ることが重要である。

　主体的・対話的で深い学びは，必ずしも1単位時間の授業の中で全てが実現されるものではない。単元など内容や時間のまとまりの中で，例えば，主体的に学習に取り組めるよう学習の見通しを立てたり学習したことを振り返ったりして自身の学びや変容を自覚できる場面をどこに設定するか，対話によって自分の考え

などを広げたり深めたりする場面をどこに設定するか，学びの深まりをつくりだすために，児童が考える場面と教師が教える場面をどのように組み立てるか，といった視点で授業改善を進めることが求められる。また，児童や学校の実態に応じ，多様な学習活動を組み合わせて授業を組み立てていくことが重要であり，単元のまとまりを見通した学習を行うに当たり基礎となる知識及び技能の習得に課題が見られる場合には，それを身に付けるために，児童の主体性を引き出すなどの工夫を重ね，確実な習得を図ることが必要である。

主体的・対話的で深い学びの実現に向けた授業改善を進めるに当たり，特に「深い学び」の視点に関して，各教科等の学びの深まりの鍵となるのが「見方・考え方」である。各教科等の特質に応じた物事を捉える視点や考え方である「見方・考え方」を，習得・活用・探究という学びの過程の中で働かせることを通じて，より質の高い深い学びにつなげることが重要である。

総合的な学習の時間の第1の目標に示された「よりよく課題を解決し，自己の生き方を考えていくための資質・能力」は，年間や，単元など内容や時間のまとまりを見通した授業の積み重ねによって総合的に育成されていく。

「資質・能力」の育成のためには，「主体的・対話的で深い学びの実現を図る」ことが鍵となる。探究の過程（①課題の設定→②情報の収集→③整理・分析→④まとめ・表現）を充実させるとともに，その過程において，児童や学校，地域の実態等に応じて，児童が探究的な見方・考え方を働かせ，教科等の枠を超えた横断的・総合的な学習や児童の興味・関心に基づく学習を行うなど，創意工夫を生かした教育活動を充実させることが大切である。このことは，第1章総則の第3の1の(1)にも示されているように今回の改訂における重要な改善点である。

その際，「探究の過程」を通して，各教科等における見方・考え方を総合的に活用して，広範な事象を多様な角度から俯瞰して捉え，実社会・実生活の課題を探究し，自己の生き方を問い続けることが行われる。こうした総合的な学習の時間に固有な学びの中では，一つの教科等の枠に収まらない課題に取り組む学習活動を通して，各教科等で身に付けた知識や技能等を相互に関連付け，学習や生活に生かし，それらが児童の中で総合的に働くようにすることが一層求められる。

したがって，総合的な学習の時間では，これまで以上に，児童や学校，地域の実態等に応じ，創意工夫を生かした教育活動の充実を図ることが欠かせない。

創意工夫を生かすとは，他校にはない特殊なもの，独創性の高いものを行うことが求められているわけではない。児童や学校，地域の実態に応じて，それぞれの学校の児童にふさわしい教育活動を適切に実施することが重要である。

ここで求められる実態とは，この時間の学習活動を適切に行うために十分考慮すべき実態のことである。児童の実態とは，知的な側面，情意的な側面，身体的

な側面などに関する児童の実際の姿とこれまでの経験などが考えられる。学校の実態とは，児童数や学級数などの学校の規模，職員数や職員構成，校内環境や学校の風土や伝統，教育研究の積み重ねなどが考えられる。地域の実態としては，学校が設置されている地域の山や川などの自然環境，町やそこにある機関，歴史や文化などの社会環境，そこに住む人やその営み，思いや願いなどの人的環境などが考えられる。

　例えば，学校の周辺に豊かな森林が広がる小規模の学校では，森や林を取り上げ，環境や資源，産業などに関する学習活動を展開する場合がある。そこでは，小規模校のよさを生かした異学年の縦割り集団や全校体制での学習活動を行うなどの取組が考えられる。また，町の中心部に位置し行政施設や商店街などを周辺に抱える学校では，町づくりや伝統文化などに関する学習活動を展開する場合がある。そこでは，地域の活性化に取り組む人々や組織などからの協力を得て，地域の一員として町づくりに関わろうとするなどの取組が考えられる。このように各学校においては，地域や学校，児童の実態を的確に把握し，それらの要素を複合的に関連付け，各学校の児童にとって必要であると考えられる教育活動を展開していかなければならない。

　なお，特色ある教育活動の創造につなげていくためにも，地域の実態把握が欠かせない。教師自らが地域を探索したりフィールド調査をしたり，実際に見たり聞いたりして，地域と関わることが望まれる。また，児童の実態把握に関しては，教師や保護者，児童自身に対する様々な観点からの実態調査に加えて，児童に関わることの多い地域の人や専門家からの情報を集めることも有効である。

> (2) 全体計画及び年間指導計画の作成に当たっては，学校における全教育活動との関連の下に，目標及び内容，学習活動，指導方法や指導体制，学習の評価の計画などを示すこと。

　総合的な学習の時間の目標は，第1の目標を踏まえるとともに，育てたいと願う児童の姿を，育成を目指す資質・能力として各学校で定めることから，学校の教育目標と直接つながる。また，総合的な学習の時間の目標を実現するためには，各教科，道徳科，外国語活動及び特別活動を含めた全教育活動における総合的な学習の時間の位置付けを明確にすることが重要であり，それぞれが適切に実施され，相互に関連し合うことで教育課程は機能を果たすこととなる。すなわち，学校の教育目標を教育課程に反映し具現化していくに当たっては，これまで以上に総合的な学習の時間を教育課程の中核に位置付けるとともに，各教科等との関わりを意識しながら，学校の教育活動全体で資質・能力を育成するカリキュ

ラム・マネジメントを行うことが求められる。したがって，総合的な学習の時間が実効性のあるものとして実施されるためには，地域や学校，児童の実態や特性を踏まえ，各教科等を視野に入れた全体計画及び年間指導計画を作成することが求められる。

全体計画とは，指導計画のうち，学校として，第3学年から第6学年までを見通して，この時間の教育活動の基本的な在り方を概括的・構造的に示すものである。一方，年間指導計画とは，全体計画を踏まえ，その実現のために，どのような学習活動を，どのような時期に，どのくらいの時数で実施するのかなどを示すものである。この二つの計画において，各学校が定める「目標」と，目標を実現するにふさわしい探究課題等からなる各学校が定める「内容」を明確にすることが重要である。さらには，それらとの関連において生み出される「学習活動」，その実施を推進していく「指導方法」や「指導体制」，児童の学習状況等を適切に把握するための「学習の評価」などが示されるべきである。

各学校においては，校長のビジョンとリーダーシップの下で総合的な学習の時間の全体計画及び年間指導計画を作成しなければならない。これらの計画を作成することによって，適切な教育活動が展開され，学校として行き届いた指導を行うことが可能となる。その際，これまでの各学校の教育実践の積み重ねや教育研究の実績に配慮して計画を作成することが有効である。なお，各学校における目標及び内容，学習活動などの設定の手順や方法については，本解説第5章，第6章で詳しく解説する。

総合的な学習の時間の全体計画及び年間指導計画の作成に当たっては，第1章総則の第1の4に示された，組織的かつ計画的に教育活動の質の向上を図っていく，カリキュラム・マネジメントを大事にする必要がある。カリキュラム・マネジメントについては，

① 内容等を教科等横断的な視点で組み立てていくこと
② 教育課程の実施状況を評価してその改善を図っていくこと
③ 教育課程の実施に必要な人的又は物的な体制を確保するとともにその改善を図っていくこと

という三つの側面がある。

①内容等を教科等横断的な視点で組み立てていくことについては，目標及び内容，学習活動などが，教科等横断的な視点で連続的かつ発展的に展開するように，教科等間・学年間の関連やつながりに配慮することが大切である。例えば，低学年の生活科等で身に付けた資質・能力が第3学年以降の総合的な学習の時間をはじめとする学習活動に生かされるように作成することや，中学年で身に付けた資質・能力が高学年以降の学習によりよく発展するように配慮して作成することなどが考えられる。また，中学校においても総合的な学習の時間の取組が連続

的かつ発展的に展開できるようにするためには，9年間でどのような学習を行い，どのような資質・能力の育成を目指すのか，小学校の全体計画や年間指導計画を踏まえた中学校の指導計画が作成されるよう，指導計画をはじめ児童の学習状況などについて，相互に連携を図ることが求められる。

②教育課程の実施状況を評価してその改善を図っていくことに関しては，児童や学校，地域の実態を踏まえて総合的な学習の時間の指導計画を作成し，計画的・組織的な指導に努めるとともに，目標及び内容，具体的な学習活動や指導方法，学校全体の指導体制，評価の在り方，学年間・学校段階間の連携等について，学校として自己点検・自己評価を行うことが大切である。そのことにより，各学校の総合的な学習の時間を不断に検証し，改善を図っていくことにつながる。そして，その結果を次年度の全体計画や年間指導計画，具体的な学習活動に反映させるなど，計画，実施，評価，改善というカリキュラム・マネジメントのサイクルを着実に行うことが重要である。指導計画の評価については，本解説第8章で解説する。

③教育課程の実施に必要な人的又は物的な体制を確保するとともにその改善を図っていくことについては，「内容」や「学習活動」，その実施を推進していく「指導方法」や「指導体制」に必要な人的・物的資源等を，地域等の外部の資源も含めて活用しながら効果的に組み合わせることが大切である。指導方法については本解説第7章で，指導体制の整備については本解説第9章で，環境整備や外部連携などを含めて解説する。

---

(3) 他教科等及び総合的な学習の時間で身に付けた資質・能力を相互に関連付け，学習や生活において生かし，それらが総合的に働くようにすること。その際，言語能力，情報活用能力など全ての学習の基盤となる資質・能力を重視すること。

今回の改訂では，これまで以上に総合的な学習の時間と各教科等との関わりを意識しながら，学校の教育活動全体で教科等横断的に資質・能力を育成していくカリキュラム・マネジメントが求められている。

他教科等及び総合的な学習の時間で身に付けた資質・能力を相互に関連付け，学習や生活において生かし，それらが総合的に働くようにするとは，各教科等で別々に身に付けた資質・能力をつながりのあるものとして組織化し直し，改めて現実の生活に関わる学習において活用し，それらが連動して機能するようにすることである。身に付けた資質・能力は，当初学んだ場面とは異なる新たな場面や状況で活用されることによって，一層生きて働くようになる。

これからの時代においてより求められる資質・能力は，既知の特定の状況においてのみ役に立つのではなく，未知の多様な状況において自在に活用することができるものであることが求められている。こうした資質・能力の獲得のためには，総合的な学習の時間の中で，課題を見付け，目的に応じて情報を収集し，その整理・分析を行い，まとめ・表現したり，コミュニケーションを図ったり，振り返ったりするなどの探究的な学習活動を行うことが重要である。そして，その過程において，各教科等で身に付けた資質・能力や，それまでの総合的な学習の時間において身に付けた資質・能力を相互に関連付けるような学びの展開が重要である。

例えば，近くの森林の酸性雨による被害に関心をもち，探究的な学習を行った場合，児童は，森林に入り一本一本の樹木やその植生を調査し，生育の様子や被害の様子を調べていく。ここでは，自然観察の技能や植物に関する知識が発揮されることで，豊富な情報が収集される。また，収集した情報はグラフ化して統計処理したり，地図上に整理したりして，深く分析していく。さらには，そうした結果を文章や絵にまとめたり，劇や音楽として発表したりしていくことが考えられる。

このように，総合的な学習の時間において，各教科等で身に付けた資質・能力が存分に活用・発揮されることで，学習活動は深まりを見せ，大きな成果を上げる。そのためにも，教師は各教科等で身に付ける資質・能力について十分に把握し，総合的な学習の時間との関連を図るようにすることが必要である。例えば，年間指導計画を工夫し単元配列表を作成することで，各教科等で学ぶ1年間の学習内容や扱われる題材と，総合的な学習の時間の内容や学習活動との関連を概観し，捉えることができる。

一方，総合的な学習の時間で身に付けた資質・能力を各教科等で生かしていくことも大切である。総合的な学習の時間の成果が，当該学年はもとより先の学年における各教科等の学習を動機付けたり推進したりすることも考えられる。各教科等と総合的な学習の時間とは，互いに補い合い，支え合う関係であることを理解することが大切である。

このように，各教科等で身に付けた資質・能力を関連付け，活用・発揮することを経験することにより，日常の学習活動や生活における様々な課題に対する解決においても，各教科等で身に付けた資質・能力を働かせる児童の姿が期待できる。

その際，言語能力，情報活用能力など全ての学習の基盤となる資質・能力を重視することが大切である。**言語能力**とは，言語に関わる知識及び技能や態度等を基盤に，「創造的思考とそれを支える論理的思考」，「感性・情緒」，「他者とのコ

ミュニケーション」の三つの側面の力を働かせて，情報を理解したり文章や発話により表現したりする資質・能力のことである。**情報活用能力**とは，世の中の様々な事象を情報とその結び付きとして捉えて把握し，情報及び情報技術を適切かつ効果的に活用して，問題を発見・解決したり自分の考えを形成したりしていくために必要な資質・能力のことである。これらの能力は，総合的な学習の時間において探究的な学習を進める上で大変重要なものであると同時に，全ての教科等の学習の基盤となるものである。第1章総則の第2の2の(1)においても，「学習の基盤となる資質・能力」として，「言語能力，情報活用能力（情報モラルを含む。），問題発見・解決能力等」を挙げている。

　その他の学習の基盤となる資質・能力には，問題解決的な学習を通じて育成される問題発見・解決能力，体験活動を通じて育成される体験から学び実践する力，「対話的な学び」を通じて育成される多様な他者と協働する力，見通し振り返る学習を通じて育成される学習を見通し振り返る力等が挙げられる。

---

(4) 他教科等の目標及び内容との違いに留意しつつ，第1の目標並びに第2の各学校において定める目標及び内容を踏まえた適切な学習活動を行うこと。

　各教科，道徳科，外国語活動及び特別活動と総合的な学習の時間は，それぞれ固有の目標と内容をもっている。それぞれが役割を十分に果たし，その目標をよりよく実現することで，教育課程は全体として適切に機能することになる。互いの違いを十分に理解した上で，総合的な学習の時間の目標及び内容を踏まえた適切な学習活動を展開することが求められる。今回の改訂により総合的な学習の時間において明確にされた，「探究的な見方・考え方を働かせ，横断的・総合的な学習を行うこと」という総合的な学習の時間の特質を十分に踏まえることが必要である。総合的な学習の時間については，探究的な学習として質的な改善が図られてきているものの，未だに特定の教科等の知識や技能の習得を図る学習活動が行われていたり，運動会の準備などと混同された学習活動が行われていたりするなどの事例が見られるとの指摘もある。これらについては，総合的な学習の時間としてふさわしくないものであることは言うまでもない。

　総合的な学習の時間と特別活動との関連については，第1章総則の第2の3の(2)のエに，「総合的な学習の時間における学習活動により，特別活動の学校行事に掲げる各行事の実施と同様の成果が期待できる場合においては，総合的な学習の時間における学習活動をもって相当する特別活動の学校行事に掲げる各行事の実施に替えることができる。」との記述がある。これは総合的な学習の時間につ

いての記述であり，探究的な学習であることが前提となっている。総合的な学習の時間において探究的な学習が行われる中で体験活動を実施した結果，学校行事として同様の成果が期待できる場合にのみ，特別活動の学校行事を実施したと判断してもよいことを示しているものである。特別活動の学校行事を総合的な学習の時間として安易に流用して実施することを許容しているものではない。

　具体的には，総合的な学習の時間において，その趣旨を踏まえ，例えば，自然体験活動やボランティア活動を探究的な学習の過程の中で行う場合において，これらの活動は集団活動の形態をとる場合が多く，集団への所属感や連帯感を深め，公共の精神を養うなど，特別活動の趣旨も踏まえた活動とすることが考えられる。

　すなわち，

・　総合的な学習の時間に行われる自然体験活動は，環境や自然を課題とした探究的な学習として行われると同時に，「自然の中での集団宿泊活動などの平素と異なる生活環境にあって，見聞を広め，自然や文化などに親しむとともに，よりよい人間関係を築くなどの集団生活の在り方や公衆道徳などについての体験を積むことができる」遠足・集団宿泊的行事と，

・　総合的な学習の時間に行われるボランティア活動は，社会との関わりを考える探究的な学習として行われると同時に，「勤労の尊さや生産の喜びを体得するとともに，ボランティア活動などの社会奉仕の精神を養う体験が得られる」勤労生産・奉仕的行事と，

それぞれ同様の成果も期待できると考えられる。このような場合，総合的な学習の時間とは別に，特別活動として改めてこれらの体験活動を行わないとすることも考えられる。

> (5)　各学校における総合的な学習の時間の名称については，各学校において適切に定めること。

　総合的な学習の時間の教育課程の基準上の名称は「総合的な学習の時間」とするが，各学校における教育課程，時間割上のこの時間の具体的な名称については，この規定に示す通り，各学校で適切に定めるものとされている。

　各学校において，この時間の目標や内容，学習活動の特質，学校の取組の経緯を踏まえて，例えば，地域のシンボルや学校教育目標，保護者や地域の人々の願いに関連した名称など，この時間の趣旨が広く理解され，児童や保護者，地域の人々に親しんでもらえるように適切な名称を定めればよい。

> (6) 障害のある児童などについては，学習活動を行う場合に生じる困難
> さに応じた指導内容や指導方法の工夫を計画的，組織的に行うこと。

　障害者の権利に関する条約に掲げられたインクルーシブ教育システムの構築を
目指し，児童の自立と社会参加を一層推進していくためには，通常の学級，通級
による指導，特別支援学級，特別支援学校において，児童の十分な学びを確保
し，一人一人の児童の障害の状態や発達の段階に応じた指導や支援を一層充実さ
せていく必要がある。

　通常の学級においても，発達障害を含む障害のある児童が在籍している可能性
があることを前提に，全ての教科等において，一人一人の教育的ニーズに応じた
きめ細かな指導や支援ができるよう，障害種別の指導の工夫のみならず，各教科
等の学びの過程において考えられる困難さに対する指導の工夫の意図，手立てを
明確にすることが重要である。

　これを踏まえ，今回の改訂では，障害のある児童などの指導に当たっては，
個々の児童によって，見えにくさ，聞こえにくさ，道具の操作の困難や移動上の
制約，健康面や安全面での制約，発音のしにくさ，心理的な不安定，人間関係形
成の困難さ，読み書きや計算等の困難さ，注意の集中を持続させることが苦手な
ど，学習活動を行う場合に生じる困難さが異なることに留意し，個々の児童の困
難さに応じた指導内容や指導方法を工夫することを，各教科等において示してい
る。その際，総合的な学習の時間の目標や内容の趣旨，学習活動のねらいを踏ま
え，学習内容の変更や学習活動の代替を安易に行うことがないよう留意するとと
もに，児童の学習負担や心理面にも配慮する必要がある。

　総合的な学習の時間については，児童の知的な側面，情意的な側面，身体的な
側面などに関する児童の実際の姿や経験といった，児童の実態等に応じて創意工
夫を生かした教育活動を行うことが必要であることをこれまでも示してきた。探
究するための資質・能力を育成するためには，一人一人の学習の特性や困難さに
配慮した学習活動が重要であり，例えば以下のような配慮を行うことなどが考え
られる。

- 　様々な事象を調べたり，得られた情報をまとめたりすることに困難がある
  場合は，必要な事象や情報を選択して整理できるように，着目する点や調べ
  る内容，まとめる手順や調べ方について具体的に提示するなどの配慮をす
  る。
- 　関心のある事柄を広げることが難しい場合は，関心のもてる範囲を広げる
  ことができるように，現在の関心事を核にして，それと関連する具体的な内

**1
指導計画の作成に当たっての配慮事項**

容を示していくことなどの配慮をする。

・　様々な情報の中から，必要な事柄を選択して比べることが難しい場合は，具体的なイメージをもって比較することができるように，比べる視点の焦点を明確にしたり，より具体化して提示したりするなどの配慮をする。

・　学習の振り返りが難しい場合は，学習してきた場面を想起しやすいように，学習してきた内容を文章やイラスト，写真等で視覚的に示すなどして，思い出すための手掛かりが得られるように配慮する。

・　人前で話すことへの不安から，自分の考えなどを発表することが難しい場合は，安心して発表できるように，発表する内容について紙面に整理し，その紙面を見ながら発表できるようにすること，ICT機器を活用したりするなど，児童の表現を支援するための手立てを工夫できるように配慮する。

このほか，総合的な学習の時間においては，各教科等の特質に応じて育まれる「見方・考え方」を総合的に働かせるような学習を行うため，特別支援教育の視点から必要な配慮等については，各教科等における配慮を踏まえて対応することが求められる。こうした配慮を行うに当たっては，困難さを補うという視点だけでなく，むしろ得意なことを生かすという視点から行うことにより，自己肯定感の醸成にもつながるものと考えられる。

なお，学校においては，こうした点を踏まえ，個別の指導計画を作成し，必要な配慮を記載し，他教科等の担任と共有したり，翌年度の担任等に引き継いだりすることが必要である。

> (7)　第1章総則の第1の2の(2)に示す道徳教育の目標に基づき，道徳科などとの関連を考慮しながら，第3章特別の教科道徳の第2に示す内容について，総合的な学習の時間の特質に応じて適切な指導をすること。

第1章総則の第1の2の(2)においては，「学校における道徳教育は，特別の教科である道徳（以下，「道徳科」という。）を要として学校の教育活動全体を通じて行うものであり，道徳科はもとより，各教科，外国語活動，総合的な学習の時間及び特別活動のそれぞれの特質に応じて，児童の発達の段階を考慮して，適切な指導を行うこと。」と規定されている。

これを受けて，総合的な学習の時間の指導においては，その特質に応じて，道徳について適切に指導する必要があることを示すものである。

① 道徳教育と総合的な学習の時間

　総合的な学習の時間における道徳教育の指導においては，学習活動や学習態度への配慮，教師の態度や行動による感化とともに，以下に示すような総合的な学習の時間の目標と道徳教育との関連を明確に意識しながら，適切な指導を行う必要がある。

　総合的な学習の時間においては，目標を「探究的な見方・考え方を働かせ，横断的・総合的な学習を行うことを通して，よりよく課題を解決し，自己の生き方を考えていくための資質・能力を次のとおり育成する」とし，育成を目指す資質・能力の三つの柱を示している。

　総合的な学習の時間の内容は，各学校で定めるものであるが，目標を実現するにふさわしい探究課題については，例えば，国際理解，情報，環境，福祉・健康などの現代的な諸課題に対応する横断的・総合的な課題，地域の人々の暮らし，伝統と文化など地域や学校の特色に応じた課題，児童の興味・関心に基づく課題などを踏まえて設定することが考えられる。児童が，横断的・総合的な学習を探究的な見方・考え方を働かせて行うことを通して，このような現代社会の課題などに取り組み，これらの学習が自己の生き方を考えることにつながっていくことになる。

　また，探究課題の解決を通して育成を目指す具体的な資質・能力については，主体的に判断して学習活動を進めたり，粘り強く考え解決しようとしたり，自己の目標を実現しようとしたり，他者と協調して生活しようとしたりする資質・能力を育てることも重要であり，このような資質・能力の育成は道徳教育につながるものである。

② 道徳科と総合的な学習の時間

　道徳科では，道徳的価値についての理解を基に，自己を見つめ，物事を多面的・多角的に考え，自己の生き方についての考えを深める学習を通して，道徳性を養う授業が展開される。総合的な学習の時間では，探究的な見方・考え方を働かせ，横断的・総合的な学習を行うことを通して，よりよく課題を解決し，自己の生き方を考えていくための資質・能力を育成することを目指す。それぞれの目標，内容を有するものであるが，どちらも児童が自己の生き方を考えることにつながるものである。

　総合的な学習の時間において，課題の解決に向けて探究する中で，道徳科において学習した道徳的価値についてより深く理解したり，自分の生き方と関連付けて考えられるようになったりすることが考えられる。また，例えば，総合的な学習の時間において調べたりまとめたりした課題について，道徳科の授業において主題として扱い，そこに含まれる道徳的な価値について多面的・多角的に考え，

自己の生き方の考えを深める学習へと展開していくことが考えられる。

　児童の道徳性がより発展的，調和的に育っていくよう，道徳科と総合的な学習の時間における道徳教育との関連を図り，全体として道徳教育を充実していく必要がある。

第4章
指導計画の
作成と内容
の取扱い

第2節　内容の取扱いについての配慮事項

> (1)　第2の各学校において定める目標及び内容に基づき，児童の学習状況に応じて教師が適切な指導を行うこと。

　総合的な学習の時間においては，児童が自ら課題を見付け，自ら学び，自ら考え，主体的に判断するなど，児童の主体性や興味・関心を十分に生かすことが望まれる。そのためにはより質の高い指導が必要である。しかし，課題設定や解決方法を教師が必要以上に教え過ぎてしまうことによって，児童が自ら学ぶことを妨げるような事例や，どのような活動をするのかということに目を向け過ぎるあまり，総合的な学習の時間を通して育成を目指す資質・能力が身に付いているのかが見えにくい事例も見られる。

　児童の学習状況に応じて教師が適切な指導を行うこととは，こうした反省に立って，各学校で定めた総合的な学習の時間の目標及び内容に基づいて，育成を目指す資質・能力が身に付いているのかを継続的に評価しながら，より質の高い資質・能力の育成に向けて自立的な学習が行われるよう，必要な手立てを講じることを意味している。

　探究のプロセスにおいて，児童の知らない知識が必要になると考えられる場合には，教師が資料を提示したり説明したりすることが適切である。例えば，児童が課題への取り組み方を考えつかない場合には，これまでに取り組まれた好ましい事例を教師が示したり，より達成しやすい小さな課題に分けて示したり，情報の整理・分析で迷っている場合には，図示して比較したり分類したり関連付けたりすることなどを促し，児童の思考を補助したりすることが適切である。学習の場の設定，学習活動の目的をしっかりもたせること，学習の状況についての価値付けや方向付け，探究的な学習活動が一段落したときの新たな方向性の提示や次の課題の設定なども，必要に応じて教師が行うことが考えられる。また，自らの学びを意味付けたり価値付けたりして自己変容を自覚するために振り返りの場面を学習過程に位置付けることが適切である。

　児童の主体性を生かした学習と教師の適切な指導が相まってこそ，より質の高い学習が実現され，総合的な学習の時間の目標が達成される。また，そのことが児童の学習活動への満足感や達成感も高める。

　なお，総合的な学習の時間の学習指導については本解説第7章で，評価については本解説第8章で詳しく解説する。

> (2) 探究的な学習の過程においては，他者と協働して課題を解決しよう
> とする学習活動や，言語により分析し，まとめたり表現したりするな
> どの学習活動が行われるようにすること。その際，例えば，比較す
> る，分類する，関連付けるなどの考えるための技法が活用されるよう
> にすること。

　総合的な学習の時間においては，探究的な学習の過程を質的に高めていくこと
を心掛けなければならない。本項では，そのために配慮する必要がある三つのこ
とを示している。

　第1は，他者と協働して課題を解決しようとする学習活動を行うことである。

　ここでは，他者を幅広く捉えておくことが重要である。共に学習を進めるグ
ループだけでなく，学級全体や他の学級あるいは学校全体，地域の人々，専門家
など，また価値を共有する仲間だけでなく文化的背景や立場の異なる人々をも含
めて考える。協働的に学習することの目的は，グループでよりよい考えを導き出
すことに加えて，一人一人がどのような資質・能力を身に付けるかということが
重要である。

　多様な他者と協働して学習活動を行うことには様々な意義がある。一つには，
他者へ説明することにより生きて働く知識及び技能の習得が図られる点である。
他者と協働して学習活動を進めていくためには，自分のもっている情報やその情
報を基にした自分の考えを説明する必要がある。説明する機会があることで知識
及び技能が目的や状況に応じて活用され，生きて働くものとして習得されてい
く。二つには，他者から多様な情報が収集できることである。様々な考えや意
見，情報をたくさん入手することは，その後の学習活動を推進していく上で重要
な要素である。多様な情報があることで，それらを手掛かりに考えることが可能
になり，自己の考えを広げ深める学びが成立する。三つには，よりよい考えが作
られることである。多様なアイデアや視点を組み合わせる等の相互作用の中で，
グループとして考えが練り上げられると同時に，個人の中にも新たな考えが構成
されていくのである。

　他者と協働して学習活動を進めるには，互いのコミュニケーションが欠かせな
い。自分の思いなどを相手に伝えるとともに，相手の思いなどを受け止めること
も求められる。これらによって，双方向の交流が質の高い学習活動を実現する。
そして，これらのプロセスを通じて，個別の知識及び技能が目的や状況に応じて
活用され，生きて働くものになり，未知の状況に対応できる思考力，判断力，表
現力等や学びに向かう力，人間性等が育成されるのである。

これからの時代を生きる児童にとっては，多様で複雑な社会において円滑で協働的な人間関係を形成する資質・能力が求められる。このような資質・能力は，国や地域を超えて常に重要である。総合的な学習の時間において探究的な学習を協働的に行うことは，その資質・能力を育成する場としてふさわしい。

　協働的に課題解決を行う際には，各教科等で身に付けた知識及び技能や思考力，判断力，表現力等を活用できるようにすることに留意するとともに，考えを可視化するなどして児童同士で学び合うことを促すなどの授業改善の工夫が必要である。それによって，思考を広げ深め，新しい考えを創造する児童の姿が生まれるものと考えられる。

　第2は，言語により分析し，まとめたり表現したりする学習活動を行うことである。本解説第3章第3節で述べたように，今回の改訂において，言語能力は全ての学習の基盤となる力として位置付けられている。探究的な学習活動の過程において，体験したことや収集した情報を，言語により分析したりまとめたりすることは，自らの学びを意味付けたり価値付けたりして自己変容を自覚し，次の学びへと向かうために特に大切にすべきことである。そのためには，分析とは何をすることなのか具体的なイメージをもつことが必要となる。例えば，「考えるための技法」を活用し，集めた情報を共通点と相違点に分けて比較したり，視点を決めて分類したり，体験したことや収集した情報と既有の知識とを関連付けたり時間軸に沿って順序付けたり，理由や根拠を示したりすることで，情報を分析し意味付けることなどが考えられる。また言語により分析する対象には，観察記録やインタビューデータといった質的なものに加えて，アンケートなどにより収集した量的なデータも含まれる。

　言語によりまとめたり表現したりする学習活動では，分析したことを文章やレポートに書き表したり，口頭で報告したりすることなどが考えられる。文章やレポートにまとめることは，それまでの学習活動を振り返り，自分の考えとして整理することにつながる。

　それらの報告の場として，学年や学校全体でどのように学んできたか，それによって何が分かったのかを共有する場面が想定される。参加者全員の前で行うプレゼンテーションや目の前の相手に個別に行うポスターセッションなど，多様な形式を目的に応じて設定することが考えられる。その際，報告することを探究的な学習の過程に適切に位置付けることが大切である。

　そこでは，発表の工夫をさせると同時に，聞いている児童にも主体的に関わらせることが重要である。例えば，発表者となる児童が要点を絞って伝えるための図や表の活用，視聴覚機器やプレゼンテーションソフトウェアなどをツールとして利用することなどが考えられる。聞いている児童には発表内容を深め，問題点

に気付かせる「よい質問」をしたり，発表者の学習成果を改善させるアドバイスをしたりすることを目標とさせるなどの工夫が考えられる。その上で，発表後の時間を十分確保して，交流したり，それぞれに自己評価したりして，新たな追究に向かわせるなども考えられる。このようにして，言語を利用した協働的な学習によって，グループごとに異なる学習内容を共有したり，相互に関係付けたりすることが実現する。

第3は，これらの学習活動においては，**「考えるための技法」**が活用されるようにすることを求めている。「考えるための技法」とは，考える際に必要になる情報の処理方法を，例えば「比較する」，「分類する」，「関連付ける」など，技法のように様々な場面で具体的に使えるようにするものである。

児童は，教科等の学習場面や日常生活において，様々に思考を巡らせている。課題について考える過程の中で，対象を分析的に捉えたり，複数の対象の関係について考えたりしている。しかし，児童は自分がどのような方法で考えているのか，頭の中で情報をどのように整理しているのかということについて，必ずしも自覚していないことが多い。そこで，学習過程において「考えるための技法」を意識的に活用させることによって，児童の思考を支援すると同時に，別の場面にも活用できるものとして習得させることが重要である。それにより，児童は別の場面でも「考えるための技法」を活用して課題解決することができるようになり，それが未知の状況にも対応できる思考力，判断力，表現力等の育成につながるのである。

そのためには，各教科等や総合的な学習の時間の学習において児童に求める「考えるための技法」を探究の過程において意図的，計画的に指導することが必要である。学習活動において児童に求められる「考えるための技法」は何か，それはどの教科等のどのような学習場面と同じなのかを教師が想定しておくことで，「考えるための技法」の視点から各教科等の学習を相互に関連付けることが可能になる。それにより，教科等の学習で習得した技法を活用して，総合的な学習の時間で課題解決を行ったり，逆に総合的な学習の時間で自覚化した「考えるための技法」を教科等の学習で活用したりする場面を準備することができる。

「考えるための技法」を様々な場面で意識的に活用し，情報を整理・分析する学習経験を積み重ねることで，児童は「考えるための技法」を様々な場面で活用可能なものとして習得することが可能になる。そのため，総合的な学習の時間において，「考えるための技法」を習得する場面を準備する際には，探究的な学習の過程に適切に位置付け，習得した「考えるための技法」を探究のプロセスで活用する場面と併せて指導することが必要である。

「考えるための技法」を指導する際には，比較や分類を図や表を使って視覚的

に行う，いわゆる思考ツールといったものを活用することが考えられる。その際，例えば，比較することが求められる場面ではどの教科等においても同じ図を思考ツールとして活用するよう指導することで，「考えるための技法」を，児童が教科等を超えて意識的に活用しやすくなる。

各教科等や総合的な学習の時間において「考えるための技法」を，実際の問題解決の文脈で意識的に活用できるようにすることにより，他者と協働して課題を解決しようとする学習活動や，言語により分析し，まとめたり表現したりするなどの学習活動の質が高まり，未知の状況にも対応できる思考力等の育成につなげることが重要である。

なお，「考えるための技法」の具体的な例や活用方法については，本解説第5章第3節の4において解説する。

---

(3) 探究的な学習の過程においては，コンピュータや情報通信ネットワークなどを適切かつ効果的に活用して，情報を収集・整理・発信するなどの学習活動が行われるよう工夫すること。その際，コンピュータで文字を入力するなどの学習の基盤として必要となる情報手段の基本的な操作を習得し，情報や情報手段を主体的に選択し活用できるよう配慮すること。

児童を取り巻く現代社会の日常生活において，コンピュータや携帯電話，スマートフォン，タブレット型端末などの情報機器の普及が目覚ましく，インターネットをはじめとする情報通信ネットワークへのアクセスも容易になっている。また今後の技術革新の進展に伴い，情報機器の機能の高度化や情報通信ネットワークの高速化などが進むことが予想される。このように「いつでも」，「誰でも」，「どこででも」，「瞬時に」多様な情報を得たり情報を発信したりできる時代を生きる児童には，コンピュータや情報通信ネットワークを，またそこから得られる情報を，適切かつ効果的に，そして主体的に選択し活用する力を育てることが求められている。学校においても，情報機器ならびに情報通信ネットワークへの入り口となる校内LANなどの整備が進められつつある。

総合的な学習の時間では，児童の探究的な学習の過程において，コンピュータなどの情報機器や情報通信ネットワークを適切かつ効果的に活用することによって，より深い学びにつなげるという視点が重要である。

総合的な学習の時間においては，「課題を設定する」，「情報を収集する」，「情報を整理・分析する」，「まとめ・表現する」という探究のプロセスを繰り返しながら探究的な学習を発展させていく。これらのプロセスにおいて情報機器や情報

通信ネットワークを有効に活用することによって，探究的な学習がより充実するとともに，児童にとって必然性のある探究的な学習の文脈でそれらを活用することにより，情報活用能力が獲得され，将来にわたり全ての学習の基盤となる力として定着していくことが期待される。

プロセスにおける情報機器や情報通信ネットワークの活用に当たっては，何のために情報を収集したり整理・分析したりまとめたりしているのか，誰に対してどのような情報発信を行うことを目指して情報を収集し，整理・分析してまとめようとしているのかといったことを，探究的な学習の目的を児童自らが意識しながら，情報の収集・整理，分析・まとめ，表現を進めていくことが肝要である。

総合的な学習の時間においては，児童の多様な体験を基に探究的な学習が展開されていくことが大切である。実際の見学や体験活動を基に学習課題を生成したり，地域に出てインタビューやフィールドワークを行い情報収集したり，劇を創作して表現したりするなど，これまでも大切にされてきた具体的な活動をこれからも大切にしながら，情報機器や情報通信ネットワークを目的や状況に応じて選択し活用することが肝要である。

情報を収集・整理・発信するとは，探究的な学習の目的に応じて，本やインターネットを活用したり，適切な相手を見付けて問合せをしたりして，学習課題に関する情報を幅広く収集し，それらを整理・分析して自分なりの考えや意見をもち，それを探究的な学習の目的に応じて身近な人にプレゼンテーションしたり，インターネットを使って広く発信したりするような，コンピュータや情報通信ネットワークなどを含めた多様な情報手段を，目的に応じて効果的に選択し活用する学習活動のことを指している。

情報の収集に当たっては，図書やインターネット及びマスメディアなどの情報源から必要な情報を得るにはどのようにすればよいのか，ワークシートなど手書きの記録と併せてデジタルカメラやICレコーダーなど情報を記録する機器を用いて情報収集するにはどのようにすればよいのか，それぞれの長所や短所は何であり，目的や場面に応じてどのように使い分けるのかというような，活用する情報機器の適切な選択・判断についても，実際の探究的な学習を通して習得するようにしたい。

また情報の収集においては，その情報を丸写しすれば，児童は学習活動を終えた気になってしまうことが危惧される。実際に相手を訪問し，見学や体験をしたりインタビューをしたりするなど，従来から学校教育においてなされてきた直接体験を重視した方法による情報の収集を積極的に取り入れたい。それらの多様な情報源・情報収集の方法によってもたらされる多様な情報を，整理・分析して検討し，自分の考えや意見をもつことができるように探究的な学習の過程をデザイ

ンすることが大切である。

探究的な学習の過程においては，情報の収集に続く情報の整理も重視されるべきである。すなわち，入手した情報の重要性や信頼性を吟味した上で，比較・分類したり，複数のものを関連付けたり組み合わせたりして，新しい情報を創り出すような「考えるための技法」を，実際に探究的な学習の過程を通して身に付けるようにすることが大切である。

情報の発信に当たっては，発信した情報に対する返信や反応が得られるように工夫することが望ましい。同級生や地域の人々，他の学校の児童たちから，自分の発信した情報に対する感想やアドバイスが返り，それを基にして改善したり発展させたりするサイクルをうまくつくることで，情報活用の実践力が育つと考えられる。またこのようなサイクルを進めることによって，目的に応じ，受け手の状況を踏まえた情報発信を行おうとする，情報発信者としての意識の高まりが期待できる。一方，情報を発信する学習においては，他者の作成した情報を参考にしたり引用したりすることがある。この場合，情報の作成者の権利を尊重し，引用した情報であることが分かるように転載し，出典を明記することが必要である。また，第3学年及び第4学年の国語科において学習する「引用の仕方や出典の示し方」を踏まえ，情報の中には所定の手順を踏んで初めて引用を許されるものがあることについても学ぶ必要がある。

なお，コンピュータなどの情報機器や情報通信ネットワークなどを探究的な学習において活用する場合，児童の発達段階や学習過程に応じて，情報手段の基本的な操作スキルを習得することが望まれる。児童が基本的な操作スキルを習得することによって，情報機器や情報通信ネットワークなどの情報手段を児童自身が操作できるようになり，児童自らが主体的に情報手段を選択し活用する学習活動が可能となる。特にコンピュータで文字を入力するという操作スキルについては，将来にわたる学習活動や情報活用能力の基盤となるスキルと考えられ，確かな習得が望まれる。またこれ以外にも，デジタルカメラやタブレット型端末の基本的な操作スキルなども，今後，学習活動を進めていく上で必要となる基本的な操作スキルと考えられ，小・中・高等学校における各教科等の学習を豊かにしていく上でも欠くことのできないものである。

これらの情報手段の基本的な操作の習得に当たっては，探究的な学習の過程における実際の情報の収集・整理・発信などの場面を通して習得することが望ましい。自分にとって必然性のある探究的な学習の文脈において情報手段を活用する機会を設けることにより，必要感に迫られた学習となる。探究的な学習の文脈において習得された操作スキルは，他の学習活動や現実社会における探究的な学習においても容易に活用することができ，主体的な情報手段の活用が促されること

**2
内容の取扱いについての配慮事項**

が期待されるからである。

　なお，コンピュータで文字を入力する際は，第2章第1節国語第3の2の(1)のウ「第3学年におけるローマ字の指導に当たっては，第5章総合的な学習の時間の第3の2の(3)に示す，コンピュータで文字を入力するなどの学習の基盤として必要となる情報手段の基本的な操作を習得し，児童が情報や情報手段を主体的に選択し活用できるよう配慮することとの関連が図られるようにすること。」を踏まえる必要がある。

> (4)　自然体験やボランティア活動などの社会体験，ものづくり，生産活動などの体験活動，観察・実験，見学や調査，発表や討論などの学習活動を積極的に取り入れること。

第4章
指導計画の作成と内容の取扱い

　総合的な学習の時間で重視する体験活動は，自分の身体を通して外界の事物や事象に働きかけ学んでいくものである。具体的には，視覚，聴覚，味覚，嗅覚，触覚といった諸感覚を働かせて，あるいは組み合わせて，外界の事物や現象に働きかけ学んでいく。このように，児童が身体全体で対象に働きかけ実感をもって関わっていく活動が体験活動である。

　前回の改訂において，体験活動は言語活動と共に重要なものとして位置付けられた。また，今回の改訂では，第1章総則の第3の1の(5)において，「児童が生命の有限性や自然の大切さ，主体的に挑戦してみることや多様な他者と協働することの重要性などを実感しながら理解することができるよう，各教科等の特質に応じた体験活動を重視し，家庭や地域社会と連携しつつ体系的・継続的に実施できるよう工夫すること。」とされた。

　児童は，人々や社会，自然と関わる体験活動を通して，自分と向き合い，他者に共感することや社会の一員であることを実感する。また，自然の偉大さや美しさに出会ったり，文化・芸術に触れたり，社会事象への関心を高め問題を発見したり，友達との信頼関係を築いて物事を考えたりするなどして，喜びや達成感を味わう。

　こうしたことから，総合的な学習の時間では，一定の知識を覚え込ませるのではなく，探究課題の特質や，育成したい資質・能力を見通して，直接的な体験を探究的な学習の過程に，適切に位置付ける必要がある。例えば，環境について学ぶ過程において自然に関わる体験活動を行ったり，福祉について学ぶ過程においてボランティア活動など社会と関わる体験活動を行ったり，地域について学ぶ過程においてものづくりや生産，文化や芸術に関わる体験活動などを行うことが考えられる。

54

同様の趣旨から，総合的な学習の時間における学習活動は，以下のような学習活動を積極的に行う必要がある。例えば，事象を精緻に観察すること，科学的な見方で仮説を立て，実験し，検証すること，実際に事象を見学したり，事実を確かめるために調査したりすることなどを行い，情報の収集を行うこと。また，そうした情報をまとめて整理したり，関連付けたりする発表や討論を行うこと。これらの学習活動によって学習の深まりが期待できる。

例えば，環境に関する探究課題を設定した場合，自然に対する豊かな感受性や生命を尊重する精神，環境に対する関心等は，身近な自然に浸る時間を確保し，飼育・栽培や自然観察などの活動を実際に行わなければ培えない。また，ボランティア活動などの社会体験が，環境の保全やよりよい環境の創造のために働く人々への共感を生み，主体的に行動する実践的な資質・能力を育成することにつながる。

さらに，環境問題をより科学的に認識するためには，温室効果を確かめる実験や風車をつくって発電する実験などをしたり，環境保全に関わる機関に見学に行ったりする活動が効果的である。また，自分たちが深く環境問題と関わっていることを実感するためには，家庭や学校での水の使用量や，排出するゴミの種類と量を調査するような活動が有効である。こうして調べたことや実験などで分かったことを発表・討論させることを通して，具体的にどのように行動を変えればよいのかを考えさせたりそれを深めたりすることが実現できるのである。

なお，体験的な学習を展開するに当たっては，児童の発達の特性を踏まえ，目標や内容に沿って適切かつ効果的なものとなるよう工夫するとともに，児童をはじめ教職員や外部の協力者などの安全確保，健康や衛生等の管理に十分配慮することが求められる。

---

(5) 体験活動については，第1の目標並びに第2の各学校において定める目標及び内容を踏まえ，探究的な学習の過程に適切に位置付けること。

総合的な学習の時間では体験活動を重視している。しかし，ただ単に体験活動を行えばよいわけではなく，それを探究的な学習の過程に適切に位置付けることが重要である。

探究的な学習の過程に適切に位置付けるとは，一つには，設定した探究課題に迫り，課題の解決につながる体験活動であることが挙げられる。予想を立てた上で検証する体験活動を行ったり，体験活動を通して実感的に理解した上で課題を再設定したりするなど，探究課題の解決に向かう学習の過程に適切に位置付ける

2
内容の取扱いについての配慮事項

ことが欠かせない。

二つには，児童が主体的に取り組むことのできる体験活動であることが挙げられる。そのためには，児童の発達に合った，児童の興味・関心に応じた体験活動であることが必要となる。児童にとって過度に難しかったり，明確な目的をもてなかったりする体験活動では十分な成果を得ることができない。

こうした体験活動を行う際には，次の点に配慮したい。まずは，年間を見通した適切な時数の範囲で行われる体験活動であることが挙げられる。十分な体験活動を位置付けることは当然であるが，何のための体験活動なのかを明らかにし，その目的のために必要な時数を確保することが大切である。また，児童の安全に対して，十分に配慮した体験活動であることも挙げられる。体験活動は，それ自体が魅力的であり児童の意欲を喚起することが多い。また，屋外で行ったり，機材などを使ったりするダイナミックな活動であることも多い。事前の準備や人的な手配などを丁寧に行い，十分な安全確保の中で体験活動の魅力を存分に引き出すようにすることが望まれる。

このように意図的・計画的に体験活動を位置付けることによって，探究的な学習の過程は一層充実し，総合的な学習の時間で育成を目指す資質・能力が確実に身に付くと考えられる。

なお，体験活動の具体例としては，例えば，自然の偉大さや美しさに出会ったり，その中で友達と関わったりしながら協働的に学ぶ自然体験活動なども考えられる。この体験活動は，特別活動として実施する集団宿泊的行事の一部として行うことも考えられるが，その際にも，探究的な学習の過程に適切に位置付く学習活動でなければならない。

このように総合的な学習の時間において，学校行事と関連付けて体験活動を実施することもあり得る。しかし，その場合でも，必ず総合的な学習の時間の目標及び内容を踏まえたものであること，探究的な学習の過程に位置付いていることなどを満たさなければならない。その上で実際に総合的な学習の時間の要件を満たす活動の時数だけを正確に算出して，総合的な学習の時間の時数として計上することが求められる。

平成20年の学習指導要領解説において，運動会の準備や応援練習などは総合的な学習の時間として適切ではないことが明記されたが，一方で十分な改善が図られていないという指摘もある。総合的な学習の時間と特別活動との目標や内容の違いを踏まえ，それぞれの時間に相応しい体験活動を行わなければならない。

総合的な学習の時間と特別活動との関連を意識し，適切に体験活動を位置付けるためには，次のような点に十分配慮すべきである。例えば，修学旅行と関連を図る場合は，その土地に行かなければ解決し得ない学習課題を児童自らが設定し

ていること，現地の学習活動の計画を児童が立てること，その上で，現地では見学やインタビューの機会を設けるなど児童の自主的な学習活動を保障すること，事後は，解決できた部分をまとめ，解決できなかった部分を別の手段で追究する学習活動を行うことなど，一連の学習活動が探究的な学習となっていることが必要である。こうしたことに十分配慮した上で，総合的な学習の時間と特別活動とを関連させて実施することが考えられる。その際，総合的な学習の時間の目標や内容に関わらない時間については，総合的な学習の時間に該当しないことは当然であり，適切な時数が配当されるよう十分に注意しなければならない。

> (6) グループ学習や異年齢集団による学習などの多様な学習形態，地域の人々の協力も得つつ，全教師が一体となって指導に当たるなどの指導体制について工夫を行うこと。

多様な学習形態の工夫を行うことは，児童の様々な興味・関心や多様な学習活動に対応し，主体的・対話的で深い学びを進めるため必要なことである。例えば，興味・関心別のグループ，表現方法別のグループ，調査対象別のグループなど多様なグループ編成や，学級を越えた学年全体での活動，さらには教え合いや学び合いの態度を育むために異年齢の児童が一緒に活動することにも考慮する必要がある。

個人による学習は，一人一人が計画を立てて調査し，分かったことを一人でまとめることが求められるため，自分で学習を進める力を育むことができる。その反面，限られた時間で集められた資料だけで考えることになったり，考えが一面的になったりすることもある。

グループによる学習では，メンバー全員で計画を立てて役割分担をすることが求められる。この中で，一人一人の個性を生かすことを学んだり，コミュニケーションの取り方を学んだりすることが期待される。また，自分の役割を最後までやり遂げることも求められる。一方で，一人一人の児童に課題が設定されなかったり，役割に軽重がついたり，全員の関心や意見が十分に反映されなかったりするということも考えられる。

学級全体での学習では，教師の指導の下，計画的に体験を行ったり，活発な討論を行ったりする。また，それを基に新たな問題に向かっていく学習活動の高まりも期待できる。しかし，一人一人が追究方法を考えたり，まとめの資料を作り上げたりする側面が弱くなり，他者に依存することが危惧される。

異年齢集団で学習を進めることは，上級生のリーダーシップを育み，下級生にとっても各自の資質や能力だけでは経験できないような学習活動を経験できた

り，上級生の姿を見て，「自分もこうなりたい」，「こういうことができるように
なりたい」という意欲を高めることができたりするという利点がある。一方で，
全員が学習内容を理解するための時間がかかったり，学習活動の管理が難しく
なったりすることも考えられる。

　総合的な学習の時間を充実させるためには，これらの学習形態の長所，短所を
踏まえた上で，学習活動に即して適切な学習形態を選択したり組み合わせたりす
る必要がある。また，人数と学習活動とは適正か，どれくらいの時間が必要か，
事前にどのような活動を行っておくかなどについて，しっかりとした計画を立て
ることも重要である。このような計画の下で学級や学年を越えた取組を進めるこ
とで，児童の多様な興味・関心や学習経験などを生かすことができる。

　指導体制について工夫を行うことは，上のような多様な学習形態を支えるとと
もに，学習の幅や深まりを生み出すことにつながる。

　総合的な学習の時間は，保護者をはじめ地域の専門家など外部の人々の協力が
欠かせない。この時間を豊かな学習活動として展開していくためには，地域の
人々を積極的に活用することが必要である。教員だけでは展開できない多様な学
習を行うことができたり，多様な大人との「対話的な学び」から児童が成長でき
たりするという大きな意義をもつ。その際，「社会に開かれた教育課程」の視点
から，学校と保護者とが育成を目指す資質・能力について共有し，必要な協力を
求めることも大事である。

　また，この時間は特定の教師のみが担当するのではなく，全教師が一体となっ
て組織的に指導に当たることが求められる。このことは，横断的・総合的な学習
を行うなどのこの時間の目標からも明らかである。そのためには，同学年や異学
年の教師が協働で計画や指導に当たることはもちろん，校長，副校長，教頭，養
護教諭，栄養教諭，講師などもこの時間の指導に関わる体制を整え，全教職員が
この時間の学習活動の充実に向けて協力するなど，学校全体として取り組むこと
が不可欠である。その際，幅広く外部にこの時間の学習の状況や成果を公表し，
保護者をはじめ地域の人々からの評価も得て，その後の実践に生かしていくな
ど，学校を取り巻く地域の理解と協力を得やすくすることも大切である。

　地域との連携に当たっては，コミュニティ・スクールの枠組みの積極的な活用
や，地域学校協働本部との協働を図ることなどが考えられる。地域の様々な課題
に即した探究課題を設定するに当たっては，教育委員会のみならず首長部局と連
携することも大切である。

　こうしたことの計画や準備を行う際には，全校的な組織をつくり，役割を分担
する校内の指導体制を確立することが重要である。その計画や準備のための時間
を十分に確保する必要もある。なお，総合的な学習の時間における指導体制につ

いては，本解説第9章で詳しく解説する。

---

(7) 学校図書館の活用，他の学校との連携，公民館，図書館，博物館等
の社会教育施設や社会教育関係団体等の各種団体との連携，地域の教
材や学習環境の積極的な活用などの工夫を行うこと。

　総合的な学習の時間における探究的な学習の過程では，様々な事象について調べたり探したりする学習活動が行われるため，豊富な資料や情報が必要となる。そこで，学校図書館やコンピュータ室の図書や資料を充実させ，タブレット型端末を含むコンピュータ等の情報機器や校内ネットワークシステムを整備・活用することが望まれる。

　学校図書館の「学習センター」，「情報センター」としての機能を充実させ，図書の適切な廃棄・更新に努めること等により，最新の図書や資料，新聞やパンフレットなどを各学年の学習内容に合わせて使いやすいように整理，展示したり，関連する映像教材やデジタルコンテンツを揃えていつでも利用できるようにしたりしておくことによって，調査活動が効果的に行えるようになり，学習を充実させることができる。さらに，司書教諭，学校図書館司書等による図書館利用の指導により，児童が情報を収集，選択，活用する能力を育成することができる。また，インターネットで必要なものが効率的に調べられるように，学習活動と関連するサイトをあらかじめ登録したページを作って，図書館やコンピュータ室などで利用できるようにしておくことも望まれる。

　一方で，それらを用いて探究的な学習を進める学習の場面や時間を十分確保することや，そのための多様な学習活動を展開できるスペースを確保しておくことにも配慮が求められる。

　また，総合的な学習の時間の学習活動が中学校の学習活動と相互に関連付けられ連続的・発展的に展開できるようにしたり，地域の学校間で共通の課題を取り扱ったりするなど，他の学校との連携にも配慮する必要がある。例えば同じ河川流域の学校間で水生生物の生息調査を協働して行い，その結果を共有化して活用するなどの連携によって，学習活動に必要な情報を効率的に集めることができる場合がある。

　異なる学校を，直接的な交流やICTを活用した遠隔交流などにより結んで行う協働的な学習は，共に学習活動を進めるという意識や高め合う意識を生んで学習意欲を向上させたり，自分たちだけでは調べられない相手の地域の情報を得たりするという利点がある。また，多様な他者と協働し，異なる意見や他者の考えを受け入れる中で，多面的・多角的に俯瞰して捉えたり，考えたりすることにも

つながる。例えば自分たちの住んでいる地域について調べたことについて，他の地域の学校の児童と相互に紹介し合うことにより，様々な気付きを得るということも考えられる。その一方，場合によっては交流が形骸化してしまう可能性があることも踏まえ，協働して計画を立案し，実効性の高い連携を考えていく必要がある。

地域には，豊かな体験活動や知識を提供する公民館，図書館や博物館などの社会教育施設等や，その地域の自然や社会に関する詳細な情報を有している企業や事業所，社会教育関係団体や非営利団体等の各種団体がある。また，遺跡や神社・仏閣などの文化財，伝統的な行事や産業なども地域の特色をつくっている。この時間が豊かな学習活動として展開されるためには，学習の必然性に配慮しつつ，こういった施設等の利用を促進し，地域に特有な知識や情報と適切に出会わせる工夫が求められる。

その際，見学などで施設を訪れることだけでなく，施設の担当者に学校に来てもらうことも方法の一つである。実際に来られないときには，手紙や電話，メールやテレビ会議システムなどを使って，情報を提供してもらったり，児童の質問に答えてもらったりすることも有効である。

その一方で，社会教育施設等を無計画に訪れるなどして，先方の業務に支障を来すことなどのないように配慮しなければならない。積極的に活用することと，無計画に利用することは異なる。また，外部人材の活用の際に，講話内容を任せきりにしてしまうことによって，自分で学び取る余地が残らないほど詳細に教えてもらったり，内容が高度で児童に理解できなかったりする場合もある。また，特定のものの見方や個人の考え方だけが強調されることも考えられる。学習のねらいについて，事前に十分な打合せをしておくことが必要であり，外部人材に依存し過ぎることのないようにすべきである。

地域と学校の連携・協働の下，地域の住民が協力して未来を担う児童の成長を支えるとともに，地域を創造する活動も推進されている。また，地域の住民と児童が地域の課題に向き合い，多様な経験や技術をもつ地域の人材・企業等の協力を得ながら，課題解決に向けて協働する活動を推進している地域もある。こうした地域のもつ教育力を活用することは，この時間の目標をよりよく実現することにつながるだけでなく，次のような教育的効果をもたらす。一つは，学習活動を地域の中で行ったり，その成果を保護者も含めた地域の人々に公開することにより，児童が社会の一員であることを自覚したり，児童の学習意欲が向上したりすることになる。次には，学習活動を通して，児童が地域の人々と親密になったり，地域の教育機関の利用に慣れたり，地域の自然や文化財等に関心をもったり，地域の伝統行事等に参加したりするようになり，児童が地域への愛着を高

め，豊かな生活を送ることにつながる。さらには，郷土を創る次世代の人材育成や持続可能な地域社会の形成にもつながるものと考えられる。

なお，地域の人々の協力や地域の教材，学習環境の活用などに当たっては，総合的な学習の時間の学習に協力可能な人材や施設などに関するリスト（人材・施設バンク）を作成したり，地域の有識者との協議の場などを設けたりする工夫も考えられる。また，地域によっては，この時間のためにコーディネーターなどの交渉窓口が設置されている場合もある。平成29年３月の社会教育法の一部改正により，学校と地域の連携・協働（地域学校協働活動）を推進するため，コーディネーター役となる地域学校協働活動推進員を置くことができることが明記された。このような制度を積極的に活用することが，充実した総合的な学習の時間の実現につながる。また，平成20年６月の社会教育法の一部改正により，学校が社会教育関係団体等の関係者の協力を得て教育活動を行う場合には，社会教育主事がその求めに応じて助言を行うことができることとすることについても，地域の実情に応じて活用を図ることが考えられる。

---

(8) 国際理解に関する学習を行う際には，探究的な学習に取り組むことを通して，諸外国の生活や文化などを体験したり調査したりするなどの学習活動が行われるようにすること。

グローバル化が一層進む中で，横断的・総合的な課題として国際理解に関する課題を扱い，探究的な学習を通して取り組んでいくことは，意義のあることである。

その際には，広く様々な国や地域を視野に入れ，外国の生活や文化を体験し慣れ親しむことや，衣食住といった日常生活の視点から，日本との文化の違いやその背景について調査したり追究したりすることが重要である。

例えば，地域に暮らす外国人や外国生活経験者に協力を得て，諸外国の料理を作って食べる体験を通して，食材の違いや気候・風土との関係について考えたり，食べ方の習慣とその歴史や文化について調べたり，我が国の習慣や文化と比べたり，体験したことを議論したり発表したりするなど，幅広く学習を展開することが重要である。

また，日本と諸外国との関係について学ぶ際に，例えば地球温暖化や食料の輸出入の問題のように，価値が対立する問題に出会うことがある。そのような問題を積極的に生かして，世界中には多様な考え方や価値が存在することを実感できるような場面を設定することも考えられる。また，それを解決する方法を考えたり，討論したりする学習を通して，国際的に協調して取り組むことの重要さや難

しさについて，考える機会を設けることも想定できる。

　なお，スキルの習得に重点を置くなど単なる外国語の学習を行うことは，これまでと同様，総合的な学習の時間にふさわしい学習とは言えない。国際理解に関する学習を行っている学校においては，探究的な学習として適切な学習が行われるよう，丁寧な点検を行わなければならない。

> (9)　情報に関する学習を行う際には，探究的な学習に取り組むことを通して，情報を収集・整理・発信したり，情報が日常生活や社会に与える影響を考えたりするなどの学習活動が行われるようにすること。第1章総則の第3の1の(3)のイに掲げるプログラミングを体験しながら論理的思考力を身に付けるための学習活動を行う場合には，プログラミングを体験することが，探究的な学習の過程に適切に位置付くようにすること。

　現代社会は高度に情報化した社会と言われている。多様で大量な情報が，瞬時に世界に広がる。また，身の回りには様々な情報があふれ，それらを適切に処理し活用する資質・能力の育成が求められている。このような時代に，総合的な学習の時間において，横断的・総合的な課題として情報に関する課題を扱い，その課題を探究的な学習の過程を通して取り組んでいくことには大きな意義がある。

　ここでは，「探究的な学習に取り組むことを通して」とあるように，電話，FAX，コンピュータ（タブレット型端末を含む），校内LAN，インターネット，デジタルカメラなどの情報手段を活用する必然性が伴う学習活動を行うことが重要であり，その過程において，情報手段の操作の習得も自然と行われるようにすることが望まれる。

　情報を収集・整理・発信したりすることについては，本章の2の(3)においても述べたように，探究的な学習の目的に応じて，図書やインターネットを活用したり，適切な相手を見付けて問合せをしたりして，学習課題に関する情報を幅広く収集し，それらを整理・分析して自分なりの考えや意見をもち，それを探究的な学習の目的に応じて身近な人にプレゼンテーションしたり，インターネットを使って広く発信したりするような，コンピュータや情報通信ネットワークなどを含めた多様な情報手段を，目的に応じて効果的に選択し活用する学習活動のことを指している。

　情報が日常生活や社会に与える影響を考えたりすることについては，総合的な学習の時間の学習課題の例として，探究的な学習の過程において，情報技術の進化によって日常生活や消費行動がどのように変化したのか，社会がどのように豊

かになったのかといったことを取り上げることが考えられる。同時に，日常生活にどのような新たな危険や困難がもたらされているのか，社会にどのような新しい問題が起きているのかを考えることも重要である。これらの情報技術の進化が我々の生活や社会にもたらす恩恵と問題を考えることを通して，今後の情報技術の進化に併せて，自分たちは将来，どのような生活を送り，どのような社会を築くことが望まれるのか，将来にわたる自分の生き方を見つめ考える契機とすることが大切である。あわせて，児童自身が情報を収集・整理・発信する活動を通して，未成年であっても情報社会の一員として生活しているという自覚を促し，発信情報に責任をもつなどの意識をもたせる必要もある。

その中で，自分自身が危険に巻き込まれないことや情報社会に害を及ぼさないことなどの情報モラルについても，機を見て丁寧に指導する必要がある。例えば，電子掲示板を用いてみんなで調べたことを教え合うような学習活動では，相手を中傷するような書き込みが時折見られることがある。そのような場面を捉えて，なぜそれがいけないのか，どのようなことに発展する可能性があるのかなどを討論するようなことが考えられる。このように情報モラルを取り扱う場合には，児童自らの具体的で身近な素材を取り上げ，情報に関わる際の望ましい姿勢や態度，ならびに情報活用の方法などについて，自分のこととして見つめ直し考えさせることを通して，情報モラルを確実に身に付けさせることが望まれる。

プログラミングを体験しながら論理的思考力を身に付けるための学習活動については，第1章総則の第3の1の(3)のイに掲げられているとおり，総合的な学習の時間のみならず，算数科や理科をはじめとして各教科等の特質に応じて体験し，その意義を理解することが求められている。なお，プログラミングを体験しながら論理的思考力を身に付けるための学習活動を，どの教科等において実施するかということについては，各学校が教育課程全体を見渡し，プログラミングを体験する単元を位置付ける学年や教科等を決定していく必要がある。

そこでは，子供たちに，プログラミングにより意図した処理を行うよう指示することができるということを体験させながら，身近な生活でコンピュータが活用されていることや，問題の解決には必要な手順があることに気付き，発達の段階に即して論理的思考力を育成し，コンピュータの動きをよりよい人生や社会づくりに生かそうとする態度を涵養することが挙げられる。

プログラミングを体験しながら論理的思考力を身に付けるための学習活動とは，子供たちが将来どのような職業に就くとしても，時代を超えて普遍的に求められる力としての「プログラミング的思考」の育成を目指すものであり，プログラミングのための言語を用いて記述する方法（コーディング）を覚え習得することが目的ではない。「プログラミング的思考」とは，自分が意図する一連の活動

を実現するために，どのような動きの組み合わせが必要か，どのように改善して
いけばより意図した活動に近づくのかということを論理的に考えていく力の一つ
である。このような思考力は，プログラミングに携わる職業を目指す児童にだけ
必要な力ではなく，どのような進路を選択し，どのような職業に就くとしても，
これからの時代において共通に求められる力であると考えられる。

　特に総合的な学習の時間においては，プログラミングを体験しながら論理的思
考力を身に付けるための学習活動を行う場合には，プログラミングを体験するこ
とだけにとどまらず，情報に関する課題について探究的に学習する過程におい
て，自分たちの暮らしとプログラミングとの関係を考え，プログラミングを体験
しながらそのよさや課題に気付き，現在や将来の自分の生活や生き方と繋げて考
えることが必要である。例えば，プログラミングを体験しながら，生活を便利に
している様々なアプリケーションソフトはもとより，目に見えない部分で，様々
な製品や社会のシステムなどがプログラムにより働いていることを体験的に理解
するようにすることが考えられる。

　例えば，カプセルトイの販売機とジュースの自動販売機を比べてみる。カプセ
ルトイの販売機に比べ，ジュースの自動販売機は何が起きているのか分からな
い。お金を入れボタンを押すことで，選んだジュースとおつりが出る。自動販売
機の中では何が起きているのだろう。子供たちは自動販売機の中で「プログラ
ム」が動いていることを知り，身近な生活の中には，プログラムで動いていると
想像されるものがたくさんあることに気付く。ここでジュースの自動販売機の中
で起きていることをプログラミングする体験を取り入れることによって，プログ
ラムは「機械の中にあるもの」，「機械に人間が考えた動きをさせるための命令で
あること」，「効率的に，順序立てた命令文の積み重ねであること」などを理解す
る。

　身近にプログラムで動いているものに関心をもった児童は，電気・水道・公共
交通機関などのライフラインを維持管理するためにもプログラムが働いているこ
とや，AI（人工知能）やビッグデータの活用，ロボットの活用によって，私た
ちの生活がより快適になり効率的になっていることにも気付いていくことが考え
られる。

　それらのプログラムの恩恵だけではなく，プログラムを悪用したコンピュータ
ウイルスやネット詐欺などの存在にも触れることで，様々な新たな技術が開発さ
れ自分たちの身近な存在になる一方，「人間らしさとは何か」，「人間にしかでき
ないこととは何か」，「人間としてどのように暮らしていけばいいのだろうか」な
ど，自分の生き方を考え直すことも期待できる。

　この展開例からも分かるように，総合的な学習の時間においてプログラミング

を体験することは，それが探究的な学習の過程に適切に位置付けられていることが欠かせない。

　またプログラミングを体験しながら論理的思考力を身に付けるための学習活動を行う場合にあっても，全ての学習活動においてコンピュータを用いてプログラミングを行わなければならないということではない。児童の発達段階や学習過程を考慮し，命令文を書いた紙カードを組み合わせ並べ替えることによって，実行させたいプログラムを構成したり，指令文を書いて他者に渡して，指令どおりの動きをしてもらえるかどうかを検証したりするなど，具体物の操作や体験を通して理解が深まることも考えられる。

2
内容の取扱
いについて
の配慮事項

第5章　総合的な学習の時間の指導計画の作成

本章から第9章までにおいては，各学校で定めた目標及び内容を適切に実施していくための全体計画の作成，年間指導計画や単元計画の作成，評価の在り方，学習指導の進め方，指導体制の整備等について，その基本的な考え方やポイントを，手順や方法，具体例などを交えて解説する。各学校においては，本章以降を参考にして，これまでの取組を見直すとともに，具体的な改善を進めることが期待される。

第1節　総合的な学習の時間における指導計画

●1　指導計画の要素

教育課程には，その学校における教育活動の計画が，全領域，全学年にわたって記される。指導計画とは，この教育課程の部分計画であり，例えば，第1学年の指導計画，国語科の指導計画，4月の指導計画といった具合に，教育課程を構成する特定の部分について，その教育活動の計画を必要に応じて示したものである。総合的な学習の時間も教育課程を構成する一部であるから，その指導計画は当然必要である。第5章第3の1の(2)「全体計画及び年間指導計画の作成に当たっては，学校における全教育活動との関連の下に，目標及び内容，学習活動，指導方法や指導体制，学習の評価の計画などを示すこと。」が，このことを明確に示している。

この記述にあるように，総合的な学習の時間の指導計画の作成に際しては，以下の六つについて考える必要がある。

(1) この時間を通してその実現を目指す「目標」。
(2) 「目標を実現するにふさわしい探究課題」及び「探究課題の解決を通して育成を目指す具体的な資質・能力」からなる「内容」。
(3) 「内容」との関わりにおいて実際に児童が行う「学習活動」。これは，実際の指導計画においては，児童にとって意味のある課題の解決や探究的な学習活動のまとまりとしての「単元」，さらにそれらを配列し，組織した「年間指導計画」として示される。
(4) 「学習活動」を適切に実施する際に必要とされる「指導方法」。
(5) 「学習の評価」。これには，児童の学習状況の評価，教師の学習指導の評

価，(1)〜(4)，(5) の適切さを吟味する指導計画の評価が含まれる。

(6) (1)〜(5) の計画，実施を適切に推進するための「指導体制」。

　本章以下では，本解説第4章までを踏まえ，各学校においてどのように指導計画の作成を進めていくべきかについて，これら六つの事項に即して，より具体的，実践的に解説を加えていく。その際，(1)，(2) については本章で，(3) については第6章で，(4) については第7章で，(5) については第8章で，(6) については第9章で主に解説する。

●2　全体計画と年間指導計画

　第3の1の(2)では，総合的な学習の時間の指導計画のうち，学校として全体計画と年間指導計画の二つを作成する必要があること，及びその作成に当たっての要素を示している。

　全体計画とは，指導計画のうち，学校として，この時間の教育活動の基本的な在り方を示すものである。具体的には，各学校において定める目標，「目標を実現するにふさわしい探究課題」及び「探究課題の解決を通して育成を目指す具体的な資質・能力」で構成する内容について明記するとともに，学習活動，指導方法，指導体制，学習の評価等についても，その基本的な内容や方針等を概括的・構造的に示すことが考えられる。

　一方，年間指導計画とは，全体計画を踏まえ，その実現のために，どのような学習活動を，どのような時期に，どのように実施するか等を示すものである。具体的には，1年間の時間的な流れの中に単元を位置付けて示すとともに，学校における全教育活動との関連に留意する観点から，必要に応じて他教科等における学習活動も書き入れ，総合的な学習の時間における学習活動との関連を示すことなどが考えられる。このように，全体計画を単元として具体化し，1年間の流れの中に配列したものが年間指導計画であり，年間指導計画やそこに示された個々の単元の成立のよりどころを記したものが全体計画であり，この二つは関連し対応する関係にある。したがって，各学校においては，それぞれを立案するとともに，二つの計画が関連をもつように，十分配慮しながら作成に当たる必要がある。以上のことからも分かるように，指導計画を構成する上記六つの要素については，指導計画のどこかで示していればよく，したがって全体計画と年間指導計画の少なくとも一方において明示することで足りると考えられる。

1
総合的な学習の時間における指導計画

67

〈目標と内容と学習活動の関係〉

```
┌─────────────────────┬─────────────────────┐
│     第1の目標        │  各学校における教育目標  │
└──────────┬──────────┴──────────┬──────────┘
           ▼                      ▼
┌─────────────────────────────────────────────┐
│           各学校において定める目標              │
└───────────────────┬─────────────────────────┘
                    ▼
┌─────────────────────────────────────────────┐
│           各学校において定める内容              │
│  ┌──────────────┐  ┌────────────────────┐   │
│  │ 目標を実現するに │  │ 探究課題の解決を通して育成を目指す │   │
│  │ ふさわしい探究課題│  │   具体的な資質・能力    │   │
│  └──────────────┘  └────────────────────┘   │
└───────────────────┬─────────────────────────┘
                    ▼
┌─────────────────────────────────────────────┐
│              学習活動（単元）                  │
└─────────────────────────────────────────────┘
```

　なお，本章及び第6章で主に扱う(1)「目標」，(2)「内容」，(3)「学習活動（単元）」の相互の関係については，上図のように示すことができる。この図にあるように，各学校は，まず第1の目標を踏まえるとともに，各学校における教育目標を踏まえ，学校の総合的な学習の時間の目標を設定する。

　次に，それらを踏まえ，内容として，「目標を実現するにふさわしい探究課題」及び「探究課題の解決を通して育成を目指す具体的な資質・能力」を設定する。

　本解説第4章でも述べた通り，各学校の「目標を実現するにふさわしい探究課題」の設定に際しては，第5章の第2の3の(5)に示された三つの課題が参考になる。また，「探究課題の解決を通して育成を目指す具体的な資質・能力」の設定に際しては，第5章の第2の3の(6)に示された三つの柱，すなわち，「知識及び技能」，「思考力，判断力，表現力等」，「学びに向かう力，人間性等」に配慮して設定する。その際，第5章の第2の3の(2)に示された，各学校において定める目標及び内容については，各教科等の目標及び内容との違いを留意しつつ，各教科等で育成を目指す資質・能力との関係を重視することが望まれる。さらに，第5章の第2の3の(7)に示すとおり，「目標を実現するにふさわしい探究課題」及び「探究課題の解決を通して育成を目指す具体的な資質・能力」につい

ては，教科等を越えた全ての学習の基盤となる資質・能力が育まれ，活用される
ものとなるように配慮することが大切である。

　この「目標を実現するにふさわしい探究課題」及び「探究課題の解決を通して
育成を目指す具体的な資質・能力」の二つをよりどころとして，実際に教室で
日々展開される学習活動，すなわち単元が，計画，実施される。

　なお，指導計画を作成する際には，責任者としての校長の指導ビジョンとリー
ダーシップの下，全教職員がそれぞれの特性と専門性を発揮しながら協力して，
自律的，創造的に行うことが重要である。そのための校内外の体制づくり等につ
いては，本解説第9章で更に詳しく解説する。

1
総合的な学習
の時間におけ
る指導計画

第2節　各学校において定める目標の設定

　各学校においては，第1の目標を踏まえ，各学校の総合的な学習の時間の目標を定め，その実現を目指さなければならない。この目標は，各学校が総合的な学習の時間での取組を通して，どのような児童を育てたいのか，また，どのような資質・能力を育てようとするのかなどを明確にしたものである。

　各学校において総合的な学習の時間の目標を定めるに当たり，「第1の目標を踏まえ」とは，本解説第2章で解説した第1の目標の趣旨を適切に盛り込むということである。

　具体的には，第1の目標の構成に従って，以下の2点を踏まえることが必要となる。

(1)　「探究的な見方・考え方を働かせ，横断的・総合的な学習を行うことを通すこと」，「よりよく課題を解決し，自己の生き方を考えていくための資質・能力を育成すること」という，目標に示された二つの基本的な考え方を踏襲すること。

(2)　育成を目指す資質・能力については，「育成すべき資質・能力の三つの柱」である「知識及び技能」，「思考力，判断力，表現力等」，「学びに向かう力，人間性等」の三つのそれぞれについて，第1の目標の趣旨を踏まえること。

　各学校において定める総合的な学習の時間の目標は，第1の目標を適切に踏まえて，この時間全体を通して，各学校が育てたいと願う児童像や育成を目指す資質・能力，学習活動の在り方などを表現したものになることが求められる。

　各学校においては，第1の目標の趣旨をしっかりと踏まえつつ，地域や学校，児童の実態や特性を考慮した目標を，創意工夫を生かして独自に定めていくことが望まれている。上記の点を適切に反映した上で，これまで各学校が取り組んできた経験を生かして，各目標の要素のいずれかを具体化したり，重点化したり，別の要素を付け加えたりして目標を設定することが考えられる。

　目標の記述の仕方については決まった型があるわけではないが，例えば，以下のような示し方が考えられる。

〔設定例〕

　探究的な見方・考え方を働かせ，地域の人，もの，ことに関わる総合的な学習を通して，目的や根拠を明らかにしながら課題を解決し，自己の生き方を考えることができるようにするために，以下の資質・能力を育成する。

(1)　地域の人，もの，ことに関わる探究的な学習の過程において，課題の解決に必要な知識及び技能を身に付けるとともに，地域の特徴やよさに気付き，それらが人々の努力や工夫によって支えられていることに気付く。

(2)　地域の人，もの，ことの中から問いを見いだし，その解決に向けて仮説を立てたり，調査して得た情報を基に考えたりする力を身に付けるとともに，考えたことを，根拠を明らかにしてまとめ・表現する力を身に付ける。

(3)　地域の人，もの，ことについての探究的な学習に主体的・協働的に取り組むとともに，互いのよさを生かしながら，持続可能な社会を実現するための行動の仕方を考え，自ら社会に参画しようとする態度を育てる。

　この例では，「地域の人，もの，ことに関わる」ことを明記することで，目標の具体化を図っている。

　また，第1の目標における「よりよく課題を解決し」について，その中身を「目的や根拠を明らかにしながら課題を解決し」として重点化している。同様に(2)においても，「考えたことを，根拠を明らかにしてまとめ・表現する力を身に付ける」と対応した重点化が図られている。

　さらに，(1)では，第1の目標における「課題に関する概念を形成し，探究的な学習のよさを理解するようにする」を「地域の特徴やよさに気付き，それらが人々の努力や工夫によって支えられていることに気付く」と具体化している。

　また，(3)では，「学びに向かう力，人間性等」について，「持続可能な社会を実現するための行動の仕方を考え，自ら社会に参画しようとする態度を育てる」を付加している。

　各学校における目標の設定に際しては，既に各学校において機能している目標については，第1の目標及び各学校における教育目標を踏まえ検討するところから始めることも考えられる。どちらにしても，各学校における実践の成果を発展させるという姿勢で取り組むことが大切である。実際の作業を進めていく中で多

くの学校が直面するのは，詳しく書こうとすればするほど文章が長くなってしまい，全体としての意味の把握が難しくなるという問題である。重要なことは，適切な分量の中で各学校が大切にしたいことを，分かりやすい表現で盛り込むように工夫することである。そのためにも，具体的な児童の姿をイメージしながら，各学校の実態に応じた目標の記述となるよう，校内での議論を尽くしていくことが重要である。

　ここまで述べてきた目標を作成する作業に先立って，各学校においては，総合的な学習の時間で育成したいものを明確化する必要がある。具体的には，各学校における教育目標ないしは育てたい児童像のうち，他教科等で実現を目指している部分を確認した上で，総合的な学習の時間で育てたい児童の姿を明らかにしていく。

　その際，以下の点について考慮することが重要である。

- ・　児童の実態
- ・　地域の実態
- ・　学校の実態
- ・　児童の成長に寄せる保護者の願い
- ・　児童の成長に寄せる地域の願い
- ・　児童の成長に寄せる教職員の願い

　これらは既に校内で明らかにされ，学校教育目標や育てたい児童像の中に盛り込まれているはずである。今回の改訂により，改めて示された目標の趣旨を踏まえて，その観点から検討し直す必要がある。

第3節　各学校が定める内容とは

●1　各学校が定める内容とは

　本解説第３章でも述べた通り，この時間の内容は，「目標を実現するにふさわしい探究課題」及び「探究課題の解決を通して育成を目指す具体的な資質・能力」を各学校が定める。つまり，「何を学ぶか」とそれを通して「どのようなことができるようになるか」ということを各学校が具体的に設定するということであり，他教科等にない大きな特徴の一つである。このことはこれまでの総合的な学習の時間の考え方を転換するものではないが，今回の改訂全体として，「何ができるようになるか（育成することを目指す資質・能力）」と，そのために「何を学ぶか（学習の内容）」と「どのように学ぶか（学習方法）」のいずれもが重要であることを明示したことを受け，総合的な学習の時間の内容の設定においてもその趣旨を明確にしたものである。

　各学校が設定する内容は，探究課題としてどのような対象と関わり，その探究課題の解決を通して，どのような資質・能力を育成するのかを記述する。このように，両者は互いに関係していると同時に，両者がそろって初めて，各学校が定める目標の実現に向けて指導計画は適切に機能する。

●2　目標を実現するにふさわしい探究課題

　目標を実現するにふさわしい探究課題とは，目標の実現に向けて学校として設定した，児童が探究的な学習に取り組む課題であり，従来「学習対象」と説明してきたものに相当するが，その課題について探究することを通して学ぶという学習過程も重要であることを含めて明確にするために，今回の改訂では「探究課題」として示した。

　目標を実現するにふさわしい探究課題については，本解説第３章第３節で解説したように，学校の実態に応じて，例えば，国際理解，情報，環境，福祉・健康などの現代的な諸課題に対応する横断的・総合的な課題，地域の人々の暮らし，伝統と文化など地域や学校の特色に応じた課題，児童の興味・関心に基づく課題など，横断的・総合的な学習としての性格をもち，探究的な見方・考え方を働かせて学習することがふさわしく，それらの解決を通して育成される資質・能力が，よりよく課題を解決し，自己の生き方を考えていくことに結び付いていくような，教育的に価値のある諸課題であることが求められる。探究的な見方・考え方を働かせて学習することがふさわしいということは，一つの決まった正しい答

えがあるわけでなく，様々な教科等で学んだ見方・考え方を総合的に活用しながら，様々な角度から捉え，考えることができるものであることが求められるということである。

しかし，それぞれの課題はあくまでも例示であり，各学校が探究課題を設定する際の参考として示したものである。これらの例示を参考にしながら，各学校の総合的な学習の時間の目標や，児童，学校，地域の実態に応じて，探究課題を設定することが求められる。

例示されたこれらの課題は，第3学年から第6学年までの児童の発達の段階において，第1の目標から導かれる以下の三つの要件を適切に実施するものとして考えられるものを示している。

(1) 探究的な見方・考え方を働かせて学習することがふさわしい課題であること

(2) その課題をめぐって展開される学習が，横断的・総合的な学習としての性格をもつこと

(3) その課題を学ぶことにより，よりよく課題を解決し，自己の生き方を考えていくことに結び付いていくような資質・能力の育成が見込めること

以下に，例示した課題の特質について示す。

現代的な諸課題に対応する横断的・総合的な課題

国際理解，情報，環境，福祉・健康などの現代的な諸課題に対応する横断的・総合的な課題とは，社会の変化に伴って切実に意識されるようになってきた現代社会の諸課題のことである。そのいずれもが，持続可能な社会の実現に関わる課題であり，現代社会に生きる全ての人が，これらの課題を自分のこととして考え，よりよい解決に向けて行動することが望まれている。また，これらの課題については正解や答えが一つに定まっているものではなく，従来の各教科等の枠組みでは必ずしも適切に扱うことができない。したがって，こうした課題を総合的な学習の時間の探究課題として取り上げ，その解決を通して具体的な資質・能力を育成していくことには大きな意義がある。

これらを参考に探究課題を設定する場合，例えば，以下のようなことが考えられる。

- 国際理解：地域に暮らす外国人とその人たちが大切にしている文化や価値観
- 情報：情報化の進展とそれに伴う日常生活や社会の変化
- 環境：身近な自然環境とそこに起きている環境問題
- 福祉：身の回りの高齢者とその暮らしを支援する仕組みや人々

・　健康：毎日の健康な生活とストレスのある社会　など

　一方，ここに示した課題を全て取り上げる必要はない。地域や学校，児童の実態に応じて，取り組みやすい課題や特に必要と考えられる課題に重点的に取り組むことも考えられる。また，例示以外の課題についての学習活動を行うことも考えられる。例えば，以下に示すように，資源エネルギー，食，科学技術等に関わる課題も想定できる。

・　資源エネルギー：自分たちの消費生活と資源やエネルギーの問題
・　食：食をめぐる問題とそれに関わる地域の農業や生産者
・　科学技術：科学技術の進歩と自分たちの暮らしの変化　など

地域や学校の特色に応じた課題

　地域の人々の暮らし，伝統と文化など地域や学校の特色に応じた課題とは，町づくり，伝統文化，地域経済，防災など，各地域や各学校に固有な諸課題のことである。全ての地域社会には，その地域ならではのよさがあり特色がある。古くからの伝統や習慣が現在まで残されている地域，地域の気候や風土を生かした特産物や工芸品を製造している地域など，様々に存在している。これらの特色に応じた課題は，よりよい郷土の創造に関わって生じる地域ならではの課題であり，児童が地域における自己の生き方との関わりで考え，よりよい解決に向けて地域社会で行動していくことが望まれている。また，これらの課題についても正解や答えが一つに定まっているものではなく，既存の各教科等の枠組みでは必ずしも適切に扱うことができない。したがって，こうした課題を総合的な学習の時間の探究課題として取り上げ，その解決を通して具体的な資質・能力を育成していくことには大きな意義がある。

　これらを参考に探究課題を設定する場合，例えば，以下のようなことが考えられる。

・　町づくり：町づくりや地域活性化のために取り組んでいる人々や組織
・　伝統文化：地域の伝統や文化とその継承に力を注ぐ人々
・　地域経済：商店街の再生に向けて努力する人々と地域社会
・　防災：防災のための安全な町づくりとその取組　など

児童の興味・関心に基づく課題

　児童の興味・関心に基づく課題とは，児童がそれぞれの発達段階に応じて興味・関心を抱く課題のことである。例えば，将来への夢や憧れをもち挑戦しようとすること，ものづくりなどを行い楽しく豊かな生活を送ろうとすること，生命の神秘や不思議さを明らかにしたいと思うこと，などが考えられる。これらの課題は，一人一人の生活と深く関わっており，児童が自己の生き方との関わりで考え，よりよい解決に向けて行動することが望まれている。

総合的な学習の時間は，児童が自ら学び，自ら考える時間であり，児童の主体的な学習態度を育成する時間である。また，自己の生き方を考えることができるようにすることを目指した時間である。その意味からも，総合的な学習の時間において，児童の興味・関心に基づく探究課題を取り上げ，その解決を通して具体的な資質・能力を育成していくことは重要なことである。

　なお，児童の興味・関心に基づく課題については，横断的・総合的な学習として，探究的な見方・考え方を働かせ，学習の質的高まりが期待できるかどうかを，教師が十分に判断する必要がある。たとえ児童が興味・関心を抱いた課題であっても，総合的な学習の時間の目標にふさわしくない場合や十分な学習の成果が得られない場合には，適切に指導を行うことが求められる。

　これらを参考に探究課題を設定する場合，例えば，以下のようなことが考えられる。

- ・　キャリア：実社会で働く人々の姿と自己の将来
- ・　ものづくり：ものづくりの面白さや工夫と生活の発展
- ・　生命：生命現象の神秘や不思議さと，そのすばらしさ　など

　なお，参考として示した三つの課題は，互いにつながり合い，関わり合っている課題であり，それぞれの学習活動の広がりと深まりによって，しばしば関連して現れてくるものである。

　各学校において，横断的・総合的な課題，地域や学校の特色に応じた課題の趣旨を踏まえて内容を設定する場合には，それぞれの地域における現実の生活との関わりにおいて，各課題がどのような具体的な現れ方をしているか，また各課題に関わって人々や機関がどのように考え，あるいはどのように行動しているか，その実態を幅広く正確に把握する必要がある。その際，客観的な把握と同時に，それらが児童にとってどのように映っているか，児童の実感や興味・関心の観点からも捉えておく必要がある。

　また，児童の興味・関心に応じた課題の趣旨を踏まえて内容を設定する場合には，各課題に関わって児童が何を感じ，どのように考え，あるいはどのように行動しているか，その実態を幅広く正確に把握する必要がある。

　各学校においては，以上のような検討を踏まえて，何が内容として適切であるかを判断することになる。この時，扱いたいと考える内容はどうしても多くなりがちだが，限られた時数の中で適切に扱うことが可能な内容には，おのずと限界がある。各学校で定めた目標や児童の実態等に配慮し，全体としてのバランスをとりながら，優先順位を考え取捨選択することで，質と量の双方において適切な内容を選定することになる。

ここまで述べてきたように，探究課題とは，児童が探究的に関わりを深める人・もの・ことを示したものであり，例示された三つの課題を更に具体化したものである。例えば，外国人との関わりが多い地域の実態や国際社会で活躍するグローバルな人材育成という学校教育目標を掲げる学校が，横断的・総合的な課題として「国際理解」を重視した場合，「地域に暮らす外国人とその人たちが大切にしている文化や価値観」のような探究課題が考えられる。このようにして，三つの課題を意識し，各学校の目標の実現にふさわしい探究課題を設定していく。例えば，以下のようなものなどである。

三つの課題	探究課題の例
横断的・総合的な課題（現代的な諸課題）	地域に暮らす外国人とその人たちが大切にしている文化や価値観（国際理解）
	情報化の進展とそれに伴う日常生活や社会の変化（情報）
	身近な自然環境とそこに起きている環境問題（環境）
	身の回りの高齢者とその暮らしを支援する仕組みや人々（福祉）
	毎日の健康な生活とストレスのある社会（健康）
	自分たちの消費生活と資源やエネルギーの問題（資源エネルギー）
	安心・安全な町づくりへの地域の取組と支援する人々（安全）
	食をめぐる問題とそれに関わる地域の農業や生産者（食）
	科学技術の進歩と自分たちの暮らしの変化（科学技術） など
地域や学校の特色に応じた課題	町づくりや地域活性化のために取り組んでいる人々や組織（町づくり）
	地域の伝統や文化とその継承に力を注ぐ人々（伝統文化）
	商店街の再生に向けて努力する人々と地域社会（地域経済）
	防災のための安全な町づくりとその取組（防災） など
児童の興味・関心に基づく課題	実社会で働く人々の姿と自己の将来（キャリア）
	ものづくりの面白さや工夫と生活の発展（ものづくり）
	生命現象の神秘や不思議さと，そのすばらしさ（生命） など

●3 探究課題の解決を通して育成を目指す具体的な資質・能力

　探究課題の解決を通して育成を目指す具体的な資質・能力とは，各学校におい
て定める目標に記された資質・能力を各探究課題に即して具体化したものであ
り，児童が各探究課題の解決に取り組む中で，教師の適切な指導により実現を目
指す資質・能力のことである。したがって，探究課題の解決を通して育成を目指
す具体的な資質・能力には，各学校の目標が実現された際に現れる望ましい児童
の成長の姿が示されることになる。各学校において定める目標と，探究課題の解
決を通して育成を目指す具体的な資質・能力の二つにより，この時間の教育活動
を通して「どんな児童を育てたいか」を明示することになる。

　これまでは，総合的な学習の時間において「育てようとする資質や能力及び態
度」として，育成を目指す資質・能力・態度としては，「学習方法に関するこ
と」，「自分自身に関すること」，「他者や社会とのかかわりに関すること」の三つ
の視点を参考にして例示されていた。この視点は，全国の実践事例を整理する中
で見いだされてきたものであるとともに，OECD が示した主要能力（キー・コ
ンピテンシー）にも符合している。各学校においては，三つの視点を参考にして
「育成を目指す資質・能力」を明らかにし，その育成に向けて取り組み，成果を
上げてきた。

　今回の改訂では，こうした趣旨を受け継ぎつつ，資質・能力の三つの柱に沿っ
て，この時間における探究課題の解決を通して育成を目指す具体的な資質・能力
について各学校で明らかにしていく。

(1) 知識及び技能

　探究的な学習の過程において，それぞれの課題についての事実的知識や技能が
獲得される。この「知識及び技能」は，各学校が設定する内容に応じて異なる。
このため，学習指導要領においては，習得すべき知識や技能については示してい
ない。一方，事実的知識は探究の過程が繰り返され，連続していく中で，何度も
活用され発揮されていくことで，構造化され生きて働く概念的な知識へと高まっ
ていく。

　総合的な学習の時間では，各教科等の枠を超えて，知識や技能の統合がなされ
ていくことにより，概念的な知識については，教科や分野などを超えて，より一
般化された概念的なものを学ぶことができる。

　例えば，

- ・　それぞれには特徴があり，多種多様に存在している（多様性）
- ・　互いに関わりながらよさを生かしている（相互性）

・　物事には終わりがあり，限りがある（有限性）

などである。探究の過程により，どのような概念的な知識が獲得されるかということについては，何を探究課題として設定するか等により異なる。例えば，「身近な自然と，そこに起きている環境問題」を探究課題として設定した場合は，

・　「生物は，色，形，大きさなどに違いがあり，生育の環境が異なること（多様性）」

・　「身近な自然において，生物はその周辺の環境と関わって生きていること（相互性）」

・　「自然環境は，様々な要因で常に変化する可能性があり，一定ではないこと（有限性）」

などが考えられる。この例では，直接的に学習で関わる対象は「身近な自然」であるが，それを探究的に学習することを通して獲得される概念は，身近な自然だけに当てはまるものではなく，例えば広く持続可能な社会づくりに関わる様々なテーマについて考える際にも使うことができる概念的な知識ともなりうるのである。各学校が目標や内容を設定するに当たっては，どのような概念的な知識が形成されるか，どのように概念的な知識を明示していくかなどについても検討していくことが重要である。

　技能についても，探究的な学習の過程が繰り返され，連続していく中で，何度も活用され発揮されていくことで，自在に活用できる技能として身に付いていく。各学校においては，探究的な学習の過程に必要な技能の例を明示していくことなども考えられる。

(2) 思考力，判断力，表現力等

　「思考力，判断力，表現力等」の育成については，課題の解決に向けて行われる横断的・総合的な学習や探究的な学習において，①課題の設定，②情報の収集，③整理・分析，④まとめ・表現の探究的な学習の過程が繰り返され，連続することによって実現される。この過程では，「探究的な見方・考え方」を働かせながら，それぞれの過程で期待される資質・能力が育成される。

　この資質・能力については，これまで各学校で設定する「育てようとする資質や能力及び態度」の視点として「学習方法に関すること」としていたことに対応している。

　こうした探究の過程において必要となる資質・能力を育成することは，総合的な学習の時間が，各教科等の学習過程の質的向上に資することを意味する。

　重要なことは，課題の解決に向けて必要となる「思考力，判断力，表現力等」は，実際に課題の解決に向けた学習をする中で，探究の過程の各段階において必

要となる「思考力，判断力，表現力等」を実際に使うような学習を行うことで，成長していくものであるということである。

　総合的な学習の時間において育成することを目指す「思考力，判断力，表現力等」を，探究の過程の各段階で整理すると次のようになる。

探究の過程における思考力，判断力，表現力等の深まり（例）			
①課題の設定	②情報の収集	③整理・分析	④まとめ・表現
より複雑な問題状況 確かな見通し，仮説	より効率的・効果的な手段 多様な方法からの選択	より深い分析 確かな根拠付け	より論理的で効果的な表現 内省の深まり
例) ■問題状況の中から課題を発見し設定する ■解決の方法や手順を考え，見通しをもって計画を立てる 　　　　　　　　　など	例) ■情報収集の手段を選択する ■必要な情報を収集し，蓄積する 　　　　　　　　　など	例) ■問題状況における事実や関係を把握し，理解する ■多様な情報にある特徴を見付ける ■事象を比較したり関連付けたりして課題解決に向けて考える 　　　　　　　　　など	例) ■相手や目的に応じてわかりやすくまとめ表現する ■学習の進め方や仕方を振り返り，学習や生活に生かそうとする 　　　　　　　　　など

　こうした「思考力，判断力，表現力等」は，この探究課題ならばこの力が育まれるといったような対応関係があるものではなく，複数の単元を通して，さらには学年や学校段階をまたいで，探究の学習の過程を繰り返すことで，時間を掛けながら徐々に育成していくものである。

　このため，それぞれの過程で育成される資質・能力について，児童の発達の段階や，探究的な学習への習熟の状況，その他児童や学校の実態に応じた設定をしていくことが重要である。

　例えば，課題の設定については，学年が上がり，児童の探究的な学習への習熟が高まるにつれて，問題状況を単純なものからより複雑なものへとしたり，解決の手順等について教師があらかじめ示すことを段々と少なくし，児童自身が見通しや仮説を立てることに比重を移したりして，質を高めていくことが考えられる。

　同じように，情報の収集においては，多様な方法からより効率的・効果的な手段を選択できるようにしたり，整理・分析においては，より深く分析したり，より確かな根拠付けが行われるよう質を高めていくことが考えられる。

　まとめ・表現については，相手や目的に応じてより分かりやすく伝わるように，より論理的で効果的な表現を工夫したり，学習を振り返る中で，より物事や自分自身に関して深い気付きとなるよう内省的な考え方が深まるようにしたりしていくことが考えられる。

(3) 学びに向かう力，人間性等

「学びに向かう力，人間性等」は，本解説第2章で解説したとおり，今回の改訂では，第5章第2の3の(6)のウにおいて，「学びに向かう力，人間性等については，自分自身に関すること及び他者や社会との関わりに関することの両方の視点を踏まえること。」と示した。自分自身に関することとしては，主体性や自己理解，社会参画などに関わる心情や態度，他者や社会との関わりに関することとしては，協働性，他者理解，社会貢献などに関わる心情や態度が考えられる。

一方，自分自身に関することと他者や社会との関わりに関することとは截然と区別されるものではなく，例えば，社会に参画することや社会への貢献のように，それぞれは，積極的に社会参画をしていこうという態度を育むという意味においては他者や社会との関わりに関することであるが，探究的な活動を通して学んだことと自己理解とを結び付けながら自分の将来について夢や希望をもとうとすることは，自分自身に関することとも深く関わることであると考えることもできる。

重要なことは，自分自身に関することと他者や社会との関わりに関することの二つのバランスをとり，関係を意識することである。主体性と協働性とは互いに影響し合っているものであり，自己の理解なくして他者を深く理解することは難しい。

このように，各学校において育成を目指す「学びに向かう力，人間性等」を設定するに当たっては，従来，各学校が定めることとされてきた自分自身に関することと他者や社会との関わりに関することを参考に，両者のつながりを検討することも大切になる。

学びに向かう力，人間性等			
	例）自己理解・他者理解	例）主体性・協働性	例）将来展望・社会参画
自分自身に関すること	探究的な活動を通して，自分の生活を見直し，自分の特徴やよさを理解しようとする	自分の意思で，目標をもって課題の解決に向けた探究に取り組もうとする	探究的な活動を通して，自己の生き方を考え，夢や希望などをもとうとする
他者や社会との関わりに関すること	探究的な活動を通して，異なる意見や他者の考えを受け入れて尊重しようとする	自他のよさを生かしながら協力して問題の解決に向けた探究に取り組もうとする	探究的な活動を通して，進んで実社会・実生活の問題の解決に取り組もうとする

総合的な学習の時間において育成を目指す「学びに向かう力，人間性等」は，「思考力，判断力，表現力等」にも増して，様々な学習活動を通して，時間を掛けながらじっくりと養い育んでいくものと考えることができる。すなわち，確かに育んでいこうとする心情や態度を，学年や学校段階に応じて，段階的かつ明確

に設定しようとすることは難しい。そうした特性を踏まえた上で，学年が上がったり，難易度の高い探究的な学習を行ったりする中で，「学びに向かう力，人間性等」は，例えば，以下のような視点と方向性で高まりながら，ゆっくりと着実に育んでいくことが期待される。

　一つは，より複雑な状況や多様で異なる他者との間においても発揮されるようになることである。例えば，他者理解という視点で言えば，異なる立場，異なる考え方をもつ相手のことを認め，理解しようとすることができるようになることであり，自己理解については，様々に困難な状況に挑戦する中で自分を客観的に見つめ，自分らしさを発揮できるようになることなどが考えられる。状況や場面が変わる中でも，それらは確かに発揮できるように育成されることが期待される。

　二つは，より自律的で，しかも安定的かつ継続的に発揮されるようになることである。自らの意志で自覚的に，しかも粘り強く発揮し続けられるようになることが期待される。

　三つは，「自分自身に関すること」，「他者や社会との関わりに関すること」は互いにつながりのあるものとなり，両者が一体となった資質・能力として発揮され，育成されるようになることである。

　このように，各学校において育成を目指す「学びに向かう力，人間性等」を設定するに当たっては，学年や実施する探究的な学習に応じて，先に記した視点を参考に，ゆるやかな高まりを意識することも考えられる。

　「学びに向かう力，人間性等」は，「知識及び技能」や「思考力，判断力，表現力等」と切り離して育てられるものではない。探究課題に主体的かつ協働的に取り組む中で，様々に思考したり，概念的知識を獲得したりする中でこそ，確実に身に付けていくことできるものと考える。

●4　考えるための技法の活用

　本解説第4章で解説したように，今回の改訂では，「探究的な学習の過程においては，他者と協働して問題を解決しようとする学習活動や，言語により分析し，まとめたり表現したりするなどの学習活動が行われるようにすること。その際，例えば，比較する，分類する，関連付けるなどの考えるための技法が活用されるようにすること。」とした。本項では，この「考えるための技法」の活用について，その意義と具体的な例を紹介する。

(1) 考えるための技法を活用する意義

　物事を比較したり分類したりすることや，物事を多面的に捉えたり多角的に考えたりすることは，様々な形で各教科等で育成することを目指す資質・能力やそのための学習の過程に含まれている。例えば，理科においては，電気を通す物と通さない物を調べる際に，実験の結果を表などに分類，整理する。家庭科においては，食物を私たちの健康における意味・機能に基づいて分類したりする。特別活動（学級活動）においては，話合いの中で児童から出てきた意見を基に，記録を担当する児童が賛成意見と反対意見に分けて板書したりする。こうした過程においては，対象や活動が異なり，かつそれぞれの教科等に特有の見方・考え方も関わっているが，対象を何らかの性質に基づいて分類し，気付きを得たり理解を深めたりするという思考が行われていることについては共通している。

　「考えるための技法」とは，この例のように，考える際に必要になる情報の処理方法を，「比較する」，「分類する」，「関連付ける」のように具体化し，技法として整理したものである。総合的な学習の時間が，各教科等を越えて全ての学習における基盤となる資質・能力を育成することが期待されている中で，こうした教科等横断的な「考えるための技法」について，探究的な過程の中で学び，実際に活用することも大切であると考えられる。

　「考えるための技法」を活用するということは，自分が普段無意識のうちに立っていた視点を明確な目的意識の下で自覚的に移動するという課題解決の戦略が，同じ事物・現象に対して別な意味の発見を促し，より本質的な理解や洞察を得るという学びである。この共通性に児童が気付き，対象や活動の違いを超えて，視点の移動という「考えるための技法」を身に付け，その有効性を感得し，様々な課題解決において適切かつ効果的に活用できるようになることが望まれる。

　とりわけ，他教科等と異なり，総合的な学習の時間では，どのような「考えるための技法」が課題解決に有効であるのかが，あらかじめ見えていないことが多い。他教科等の特質に応じて存在している「考えるための技法」を児童がより汎用的なものとして身に付け，実社会・実生活の課題解決において課題の特質に応じて「考えるための技法」を自在に活用できるようになるには，総合的な学習の時間において，どのような対象なり場面の，どのような課題解決に，どのような理由で，どのような「考えるための技法」が有効なのかを考え，実際に試し，うまくいったりいかなかったりする経験を積むことが大切になってくる。そのためには，他教科等で育成を目指す資質・能力を押さえ，それらとの関連を意識して，総合的な学習の時間の目標及び内容の設定を工夫することが重要になってくる。こうした形で，総合的な学習の時間は，教科等横断的なカリキュラム・マネ

ジメントにおいて重要な役割を果たしていくのである。

　総合的な学習の時間において，「考えるための技法」を活用することの意義については，大きく三つの点が考えられる。

　一つ目は，探究の過程のうち特に「情報の整理・分析」の過程における思考力，判断力，表現力等を育てるという意義である。情報の整理・分析においては，集まった情報をどのように処理するかという工夫が必要になる。「考えるための技法」は，こうした分析や工夫を助けるためのものである。

　二つ目は，協働的な学習を充実させるという意義である。「考えるための技法」を使って情報を整理，分析したものを黒板や紙などに書くことによって，可視化され児童間で共有して考えることができるようになる。

　三つ目は，総合的な学習の時間が，各教科等を越えた全ての学習の基盤となる資質・能力を育成すると同時に，各教科等で学んだ資質・能力を実際の問題解決に活用したりするという特質を生かすという意義である。「考えるための技法」を意識的に使えるようにすることによって，各教科等と総合的な学習の時間の学習を相互に往還する意義が明確になる。

(2) 考えるための技法の例と活用の仕方

　学習指導要領においては，「考えるための技法」がどのようなものか具体的に列挙して示すことはしていない。各学校において，総合的な学習の時間だけでなく，各教科等において，どのような「思考力，判断力，表現力等」を養いたいかということを踏まえつつ，児童の実態に応じて活用を図ることが期待される。

　ここでは，学習指導要領において，各教科等の目標や内容の中に含まれている思考力，判断力，表現力等に係る「考えるための技法」につながるものを分析し，概ね小学校段階において活用できると考えられるものを例として整理した。

　これらはあくまで例示であると同時に，漏れなく重なりなく列挙するものではなく，関わり合うものである。例えば，複数の対象同士を比較する場合には，一旦共通点のあるもの同士を分類した上で比較することになる。また例えば，最初は共通点が見いだせなかった対象同士について，それぞれを「多面的に見て」複数の特徴を書き出していく中で，関連付けることが可能になるということもある。なお，ここでいう対象は，具体的な物や事象であったり，知識や情報であったり，探究の過程の中で出てくる考えであることもある。

　　○　順序付ける
　　　・　複数の対象について，ある視点や条件に沿って対象を並び替える。
　　○　比較する
　　　・　複数の対象について，ある視点から共通点や相違点を明らかにする。

○　分類する
　　・　複数の対象について，ある視点から共通点のあるもの同士をまとめる。
○　関連付ける
　　・　複数の対象がどのような関係にあるかを見付ける。
　　・　ある対象に関係するものを見付けて増やしていく。
○　多面的に見る・多角的に見る
　　・　対象のもつ複数の性質に着目したり，対象を異なる複数の角度から捉えたりする。
○　理由付ける（原因や根拠を見付ける）
　　・　対象の理由や原因，根拠を見付けたり予想したりする。
○　見通す（結果を予想する）
　　・　見通しを立てる。物事の結果を予想する。
○　具体化する（個別化する，分解する）
　　・　対象に関する上位概念・規則に当てはまる具体例を挙げたり，対象を構成する下位概念や要素に分けたりする。
○　抽象化する（一般化する，統合する）
　　・　対象に関する上位概念や法則を挙げたり，複数の対象を一つにまとめたりする。
○　構造化する
　　・　考えを構造的（網構造・層構造など）に整理する。

　これらの「考えるための技法」により思考が深まる中で，児童は，例えば複数の軸で順序付け，比較，分類ができるようになったり，より多様な関連や様々な性質に着目できるようになったり，対象がもつ本質的な共通点や固有の性質に気付いたりできるようになるなど，「考えるための技法」を用いて効果的に思考することができるようになっていくと考えられる。特に，比較したり分類したりする際に，どのような性質等に着目するかという，視点の設定ができるようになることが一つのポイントであると考えられる。最初は教師が視点の例（例えば，地域の文化財を「有形のもの」，「無形のもの」で分類するという視点）を示しつつ，児童の習熟の状況に応じて，児童自身が試行錯誤しながら視点を考えるようにしていくということが考えられる。このように，どのような視点に着目して比較したり分類したりするかを児童が自在に考えることができるようになるということは，総合的な学習の時間が，各教科等の見方・考え方を総合的に活用するものであることと深く関わっていると言える。
　これらの「考えるための技法」を意識的に使えるようにするためには，児童の

習熟の状況等を踏まえながら，教師が声掛けをしたり，紙などに書いて可視化したりするような活動を取り入れることが有効である。例えば，「比較する」や「分類する」を可視化する方法としては，例えば，事柄を一つずつカードや付箋紙に書き出し，性質の近いものを一カ所に集めるという手法などがある。共通する性質を見いだすことは「抽象化する」ことにつながる。「分類する」については，児童の発達の段階や習熟の状況に応じて，縦軸と横軸を設定して４象限に書き込んだりすることも考えられる。また，関連付けるを可視化する方法として，例えば，ある事柄を中央に置き，関連のある言葉を次々に書き出し，線でつないでいくという方法（いわゆるウェビング）などが考えられる。

このように「考えるための技法」を紙の上などで可視化することで，いわば道具のように意図的に使えるようになる。児童の思考を助けるためにあらかじめワークシートの形で用意しておくことも考えられる。「考えるための技法」を可視化して使うことには次のような意義があると考えられる。

一つには，教科等を越えて，児童の思考を助けることである。抽象的な情報を扱うことが苦手な児童にとっては，それを書き出すことで思考がしやすくなる。各学校の中で，例えば「○○小学校思考ツール」として共通のワークシート等を活用することが，各教科等における思考力，判断力，表現力等を育成する上でも有効であると考えられる。

二つには，協働的な学習，対話的な学習がしやすくなるということである。紙などで可視化することにより，複数の児童で情報の整理，分析を協働して行いやすくなる。

三つには，学習の振り返りや指導の改善に活用できるということである。一人一人の児童の思考の過程を可視化することにより，その場で教師が助言を行ったり，児童自身が単元の終わりに探究の過程を振り返ったりすることに活用できる。

あわせて，こうしたツールを活用すること自体が目的化しないようにするということも重要である。「考えるための技法」を使うことを児童に促すことは，学習の援助になる一方で，授業が書く作業を行うことに終始してしまったり，児童の自由な発想を妨げるものになってしまったりすることもある。活用の目的を意識しなければ，かえってねらいを達成できないことも考えられる。学習の過程において，どのような意図で，どのように使用するかを計画的に考える必要がある。「考えるための技法」を用いて思考を可視化するということは，言語活動の一つの形態であり，言語活動の様々な工夫とあわせて効果的に活用することが望まれる。

●5　内容の設定と運用についての留意点

　内容の設定において，次のような点に十分配慮しなければならない。それは，内容を児童の興味・関心や必要感に関わりなく形式的に網羅し，要素的に一つ一つ学び取らせていくことにならないようにすることであり，この時間の学習活動が，教師による一方的な体験や活動の押し付け，要素的な「知識及び技能」の習得のみに終始することのないようにしなければならない。

　総合的な学習の時間では，この時間で取り上げられる個々の学習対象について何らかの知識を身に付けることや，課題を解決することそのものに主たる目的があるのではない。児童が個々の学習対象に主体的に関わる中で生じる様々な気付きや認識の深まり，豊かな経験の広がりを通して，目標にある資質・能力が育成され，自己の生き方を考えることができるようにすることを目指している。そのためにも，内容の設定と運用に際しては，次の2点について十分に留意することが望まれる。

　第1に，児童にとって必然性のある学習活動の中で具体的な対象と関わり，主体的な課題の解決や探究的な学習の過程において，育成を目指す具体的な資質・能力を身に付けていくよう，単元の展開や指導の在り方を工夫することが重要である。そうすることにより，「知識及び技能」は，相互に関連付けられ，社会の中で生きて働くものとなり，「思考力，判断力，表現力等」は，未知の状況においても活用できるものとして身に付けられるようになり，「学びに向かう力，人間性等」は，学びを人生や社会に生かすものとして涵養される。このことは内容の設定とともに，単元構成や学習指導の在り方に関わっていることであり，本解説第6章及び第7章でも詳しく述べる。

　第2に，内容については，それらを確実に取り扱うことが望ましいことはもちろんであるが，必要に応じて，目標の実現に向けて指導計画を柔軟に運用することも考えられる。

　これは，内容の設定と運用における，総合的な学習の時間ならではの特質である。実社会や実生活に関わることを取り上げるに当たって，計画時点と実施時点で様々な事情が変わるということは十分に考えられるし，学習活動の展開において児童の興味・関心を重視することや，事前の計画に必要以上に縛られない柔軟で闊達な授業展開，個に応じた指導内容の工夫といった，この時間の学習活動に顕著な特質も，このことと深く関係している。

　この考えに立つならば，各学校において定めた目標の実現が図られる限りにおいて，例えば，同じ学年でも学級によって取り扱われる内容に若干の違いが出ることも十分にあり得る。また，年度によって若干の変化が生じることも，学校の

3
各学校が定める内容とは

判断と責任において許容される。こうした措置を講じる場合には，児童や保護者等に対して，その趣旨が十分に理解されるよう，説明責任と結果責任を果たす必要がある。あわせて，個々の学級，個々の年度，個々人，個々の小集団が結果的に取り組んだ学習経験において著しい偏りや重複，逆転が生じないようにすることは極めて重要である。

　各学校においては，この時間の教育活動が，地域や学校，児童の実態等に応じた，創意工夫を生かしたものとなり，それによってこの時間の目標が十分に実現されるよう，以上の2点にも留意しつつ適切な実践を行うことが求められている。

第4節　全体計画の作成

　全体計画とは，指導計画のうち，学校として，総合的な学習の時間の教育活動の基本的な在り方を示すものである。今回の改訂で，総合的な学習の時間の目標は，その学校の教育目標と直接つながるものである趣旨が示されたところである。

　具体的には，各学校において定める目標，及び内容について明記するとともに，学習活動，指導方法，指導体制，学習の評価等についても，その基本的な内容や方針等を概括的・構造的に示すことが考えられる。すなわち，全体計画に盛り込むべきものとしては，①必須の要件として記すもの，②基本的な内容や方針等を概括的に示すもの，③その他，各学校が自分の学校の全体計画を示す上で必要と考えるもの，の三つに分けて考えられる。

① 必須の要件として記すもの
  ・ 各学校における教育目標
  ・ 各学校において定める目標
  ・ 各学校において定める内容（目標を実現するにふさわしい探究課題，探究課題の解決を通して育成を目指す具体的な資質・能力）
② 基本的な内容や方針等を概括的に示すもの
  ・ 学習活動
  ・ 指導方法
  ・ 指導体制（環境整備，外部との連携を含む）
  ・ 学習の評価
③ その他，各学校が全体計画を示す上で必要と考えるもの。具体的には，例えば，以下のような事項等が考えられる。
  ・ 年度の重点・地域の実態・学校の実態・児童の実態・保護者の願い・地域の願い・教職員の願い
  ・ 各教科等との関連・地域との連携・中学校との連携・近隣の小学校との連携　など

　①に示す三つの事項については，本章で述べてきた通りである。

　②の概括的に示す四つの事項については，本解説第6章から第9章までを参考に，各学校として，この時間の教育活動の基本的な在り方を示すために必要な内容や方針に絞って，数点を箇条書きにするなど簡潔な記述となるよう工夫する必要がある。

　参考として，記述の一例を以下に示す。あくまで一例であり，各学校はこれに

とらわれることなく，児童や学校，地域の実態等に応じて工夫が求められること
は言うまでもない。

[学習活動]

- 第3学年は地域，第4学年は環境，第5学年は福祉と健康，第6学年は国際理解から探究課題を設定する。
- 単元は学年で開発し，中学年は年間2～3単元，高学年は年間2単元程度とする。
- 学級ごとに1年間1テーマでの取組を基本とする。
- 各学年20時間程度を学年合同で，残り50時間程度を学級独自で行う単元とする。
- 第6学年は個別探究による卒業研究を行う。
- 農業体験は年間を通しての帯単元として実施する。
- 10月と2月の発表会を節目とした単元展開を工夫する。　など

[指導方法]

- 児童の課題意識を連続発展させる支援
- 個に応じた指導の工夫
- 諸感覚を駆使する体験活動の重視
- 協働的な学習活動の充実
- 教科との関連的な指導の重視
- 対話を中心とした個別支援の徹底
- 言語活動による体験の意味の自覚化　など

[指導体制]

- 運営委員会における校内の連絡調整と支援体制の確立
- カリキュラム管理室を拠点とした情報の集積と活用
- 地域学校協働活動推進員等のコーディネーターとの連携体制
- 地域教育力の人材バンクへの登録と効果的運用
- ティーム・ティーチングの日常化
- ワークショップ研修の重視
- 担任以外の教職員による支援体制の樹立
- メディアセンターとしての余裕教室の整備・充実　など

[学習の評価]

- ポートフォリオを活用した評価の充実
- 観点別学習状況を把握するための評価規準の設定
- 個人内評価の重視
- 指導と評価の一体化の充実

- 学期末，学年末における指導計画の評価の実施
- 授業分析による学習指導の評価の重視
- 学校運営協議会における教育課程に対する評価の実施　など

　③のその他，各学校が必要と考える事項については，②の概括的に示す四つの事項と同じく，この時間の教育活動の基本的な在り方を示すために必要な内容や方針に絞って，箇条書きにするなど簡潔な記述となるよう工夫する必要がある。全体計画の書式については，学校として，この時間の教育活動の基本的な在り方を概括的・構造的に示すという趣旨から，基本的には各要素の関係が分かるよう簡潔に示すことが求められる。また，盛り込まれた事項相互の関係が容易に把握できるよう，記述や表現を工夫することも必要である。

4
全体計画の作成

第6章　総合的な学習の時間の年間指導計画及び単元計画の作成

　本章では，第5章第3の1の(2)に示された指導計画を構成する六つの要素のうち，主に学習活動に関する事項について述べる。本章第1節では，年間指導計画及び単元計画の基本的な考え方を示す。第2節では，年間指導計画の作成に当たっての考え方と配慮事項，第3節では，単元計画の具体的な考え方や進め方を示し，第4節では運用に際しての留意事項を示す。

第1節　年間指導計画及び単元計画の基本的な考え方

　年間指導計画及び単元計画は，全体計画とは異なり，児童が日々取り組む学習活動の指導計画である。児童の実態を踏まえ，学校や地域のもつ特色を生かし，現代的な諸課題につながるなどして探究的に学習するための計画である。1年間を通して一つの単元で構成される場合においても，複数の単元で構成される場合でも，育成を目指す資質・能力を中心に計画を立てることが大切である。

　年間指導計画とは，1年間の流れの中に単元を位置付けて示したものであり，どのような学習活動を，どのような時期に，どのくらいの時数で実施するのかなど，年間を通しての学習活動に関する指導の計画を分かりやすく示したものである。総合的な学習の時間における年間指導計画は，各学校で作成した総合的な学習の時間の全体計画を踏まえ，学年や学級において，その年度の総合的な学習の時間の学習活動の見通しをもつために，1年間にわたる児童の学習活動を構想して示すものである。

　単元計画とは，課題の解決や探究的な学習が発展的に繰り返される一連の学習活動のまとまりである単元についての指導計画である。単元は，目標を実現するにふさわしい探究課題及び探究課題の解決を通して育成を目指す具体的な資質・能力をよりどころとして計画され，実施される。

　年間指導計画及び単元計画の作成に当たっては，前年度に教育課程の見直しを行っておくことが必要である。前年度の学習活動の様子と，校内をはじめとする当該学年の過去の実践事例を基に，全体計画を参照し，学習活動や育成を目指す資質・能力の実現を中心に計画を立案し，見通しをもって4月を迎えることが大切である。年間指導計画と単元計画は相互に関連しており，その作成作業の実際においては，両者を常に視野に入れ，それぞれの計画を作成することが大切である。

　実際に児童を目の前にし，児童と話し合いながら総合的な学習の時間における

学習活動を決めたい，という考え方もある。また，4月から一定の時間を掛けて児童と共に学習活動の計画を立てていくこと自体を重要な学習の機会と位置付け，適切に実施する中で，資質・能力を育成してきた事例もある。

　こうした場合においても，前年度の学習活動の様子や校内をはじめとする当該学年の過去の実践事例を基に，育成を目指す資質・能力を中心に計画を立案し，見通しをもって4月を迎えることが大切である。例えば，児童が第3学年の時点で興味・関心を抱くこと，第5学年の時点で不思議に思うことなどがあるのも事実である。また，実際に指導する児童について，前の学年での学習活動や取組の様子を事前に把握することもできる。

　先に例示した，児童とともに学習活動を計画してきた学校でも，実際には指導する教師が計画を作成し，十分な見通しをもって児童と向かい合っている。そうであるからこそ，児童の自発的な意見交換の中から，成果が期待できる学習活動を生み出せるのである。各学校においては，周到な計画や十分な見通しをもつことで，目の前の児童の思いや願いに丁寧かつ迅速に対応できる。

1
年間指導計画及び単元計画の基本的な考え方

第2節　年間指導計画の作成

●1　年間指導計画の在り方

　年間指導計画は，学年の始まる4月から翌年3月までの1年間における児童の学びの変容を想定し，時間の流れに沿って具体的な学習活動を構想し，単元を配列したものである。年間指導計画における単元の配列には，1年間を通して一つの単元を行う場合や，複数の単元を行う場合などがある。いずれにおいても，学習活動や児童の意識が，連続し発展するように配列することが大切である。

　特に，今回の改訂により，第5章第3の1の(1)において，「年間や，単元など内容や時間のまとまりを見通して，その中で育む資質・能力の育成に向けて，児童の主体的・対話的で深い学びの実現を図るようにすること。その際，児童や学校，地域の実態等に応じて，児童が探究的な見方・考え方を働かせ，教科等の枠を超えた横断的・総合的な学習や児童の興味・関心等に基づく学習を行うなど創意工夫を生かした教育活動の充実を図ること。」とされたことを踏まえることが重要である。ここで各教科等と異なり，単元の見通しだけでなく年間という視点が入れられているのは，他の教科等との関連を意識して主体的・対話的で深い学びの実現を図るためには，年間を見通すということが大変重要であるという，総合的な学習の特質を踏まえたものである。

　年間指導計画に記載される主たる要素としては，単元名，各単元における主な学習活動，活動時期，予定時数などが考えられる。さらに，各学校が実施する教育活動の特質に応じて必要な要素を盛り込み，活用しやすい様式に工夫することが考えられる。例えば，他の教科等や他学年との関連を示す表を作成し，共有することは，全校体制でこの時間の学習活動を適切に行うための共通理解を図り，連携を図ることができる。

　1年間の学習活動の展開を構想する際には，地域や学校の特色に加えて，各学校において積み重ねてきた実践を振り返り，その成果を生かすことで，事前に準備を進めることができる。これまでの活動について，実施時期は適切であったか，時数の配当に過不足はないか，などについて，育成を目指す資質・能力を中心に，児童の学習状況等を適切に把握しながら必要に応じた計画の見直しを適宜行うことが考えられる。

●2　作成及び実施上の配慮事項

　以下，年間指導計画の作成及び実施に当たって留意すべき四つの点について述

べる。

(1) 児童の学習経験に配慮すること

年間指導計画を作成するに当たっては，当該学年までの児童の学習経験やその経験から得られた成果について事前に把握し，その経験や成果を生かしながら年間指導計画を立てる必要がある。総合的な学習の時間に初めて取り組む第3学年の場合は，生活科など低学年における学習経験について把握するとともに，生活科等の学習活動とこれから行う総合的な学習の時間の学習活動の関連性についてもあらかじめ確認しておくことが大切である。

例えば，第3学年で高齢者福祉施設を訪問し，それを契機に高齢者との継続的な交流活動を行う際には，生活科で地域の高齢者から昔の遊びを教わる活動の中で，何を経験し，何を学んでいるかを確認し，新たな学習活動の出発点として指導計画を構想していくことなどが考えられる。このように類似の活動を繰り返す場合には，学ぶことが期待される内容が当該学年の児童に合致しているか，繰り返し取り組むことによる学習の質的な高まりがあるか，などについて十分な検討を行うことが必要である。

また，発達段階に応じた経験の有無が，後の学習活動の成否を左右することもあり，注意を要する。例えば，留学生との交流活動を，段階的な積み上げがないまま高学年で実施しようとしても，児童が精神的なバリアを張ってしまい，うまく展開できないことがある。それまでにどのような交流の経験を積み重ねておくかに十分配慮しなければならない。また，体験の積み重ねが不足している場合には，その状況に応じた活動となるよう配慮することが必要である。

(2) 季節や行事など適切な活動時期を生かすこと

年間指導計画の作成においては，1年間の季節や行事の流れを生かすことが重要である。季節の変化，地域や校内の行事等について，時期と内容の両面から，総合的な学習の時間の展開に生かしたり関連付けたりすることができるのかを，あらかじめ検討することが大切である。

地域の伝統行事や季節の変化，動植物との関わりなど，学習活動が特定の時期に集中することで効果が高まったり，適切な時期を逃してしまうことで効果が薄くなったりすることがある。

例えば，地域の伝統行事が開催される日程やそれに関わる関係者の準備等の活動の展開を把握しておくことで，児童が行事等を参観したりするだけでなく，行事の準備をする地域の人々に話を聞いたり，準備に関わることで行事の背景や地域の人の思いや願いについて直接触れたり，感じたりすることができる。また，

その準備や行事に参加するなどの学習活動を設定するといったことができる。児童が主体的に行事に参加できたり，地域や行事と自分たちとの関わりを知ったりすることで参加への意欲や学習の質を高めることができる。

　生産活動を中心とした課題の解決や探究的な学習を展開する際にも同様のことが考えられる。例えば，ブドウ栽培の盛んな地域では，梅雨に入る前に栽培したブドウに雨があたらないよう保護用の袋をかける。難しい作業の多いブドウ栽培の中では比較的単純な作業であり，このような時期を捉え，児童が農作業の手伝いを申し出ることで，実際の作業を体験することができ，ブドウ栽培に深く関わることが可能となる。また，作業をしながら農家の人に話を聞くことで，農家の人がブドウ栽培にかける思い，ブドウ農家の1年の暮らしなどを共感的に理解することができる。

(3) 各教科等との関連を明らかにすること

　第5章第3の1の(3)に示したとおり，年間指導計画の作成に当たっては，各教科等との関連的な指導を行うことが求められている。また，関連的な指導は，各教科，道徳科，外国語活動，総合的な学習の時間及び特別活動の全てにおいて大切にしているが，横断的・総合的な学習を行う観点から，総合的な学習の時間において最も数多く，幅広く行われることが予想される。こうした特性を踏まえて，第5章第3の1の(3)に各教科等との関連付けを明記し，この時間において特に重視している。

　具体的には，各教科等で身に付けた資質・能力を十分に把握し，組織し直し，改めて現実の生活に関わる学習において活用されることが期待されている。そうした資質・能力を適切に活用することが，総合的な学習の時間における探究的な学習活動を充実させることにつながる。

　例えば，社会科の資料活用の方法を生かして情報を収集したり，算数科のデータの活用での学びを生かして情報を整理したり，国語科で学習した文章の書き方を生かして分かりやすいレポートを作成したりすることなどが考えられる。また，理科で学んだ生物と環境の学習を生かして，地域に生息する生き物の生育環境を考えることなども考えられる。このように各教科等で学んだことを総合的な学習の時間に生かすことで，児童の学習は一層の深まりと広がりを見せる。

　総合的な学習の時間で行われた学習活動によって，各教科等での学習のきっかけが生まれ意欲的に学習を進めるようになったり，各教科等で学習していることの意味やよさが実感されるようになったりすることも考えられる。例えば，総合的な学習の時間で行った体験活動を生かして国語科の時間に案内状や御礼状を書くなど，総合的な学習の時間での体験活動が各教科等における学習の素材となる

ことも考えられる。また，総合的な学習の時間で食や健康に関心をもった児童は，家庭科における栄養を考えた食事や快適な住まい方の学習に前向きに取り組む姿が想像できる。また，体育科における保健の学習でも総合的な学習の時間で福祉・健康について学んだことの成果を生かして，学習に深まりと広がりを生み出すことが期待できる。

　下記のように，各教科等との関連を明示した書式を工夫することも考えられる。例えば，学年の全教育活動を視野に入れることができるように，総合的な学習の時間における単元と，各教科等の単元を配置することに加え，相互の関連を線で結べば，１年間の流れの中で各教科等との関連を見通した年間指導計画（単元配列表）を作成することができる。

　特に，単元名や学習活動だけでなく，育成を目指す資質・能力が記され，それらが相互に関連することが示されれば，それぞれの学習活動は一層充実し，資質・能力が確かに育成される。総合的な学習の時間において，各教科等で育成された資質・能力が発揮されたり，逆に総合的な学習の時間で育成された資質・能力が各教科等の学習活動で活用されたりといったことを児童が経験することによって，身に付けた資質・能力は汎用的な資質・能力として育成される。

総合的な学習の時間と各教科等の単元を関連付けた年間指導計画（例）

(4) 外部の教育資源の活用及び異校種との連携や交流を意識すること

　総合的な学習の時間を効果的に実践するには，保護者や地域の人，専門家などの多様な人々の協力，社会教育施設や社会教育団体等の施設・設備など，様々な教育資源を活用することが大切である。このことは，第５章第３の２の (7) に示した通りである。年間指導計画の中に児童の学習活動を支援してくれる団体や個人を想定し，学習活動の深まり具合に合わせていつでも連携・協力を求められる

よう日頃から関係づくりをしておくことが望まれる。学校外の教育資源の活用は，この時間の学習活動を一層充実したものにしてくれるからである。

　また，総合的な学習の時間の年間指導計画の中に，幼稚園，認定こども園，保育所，中学校や特別支援学校等との連携や，幼児・児童・生徒が直接的な交流を行う単元を構成することも考えられる。異校種との連携や交流活動を行う際には，児童にとって交流を行う必要感や必然性があること，交流を行う相手にも教育的な価値のある互恵的な関係であることなどに十分配慮しなければならない。教師，保育者が互いに目的をもって計画的・組織的に進めることが大切である。

　なお，学校外の多様な人々の協力を得たり，異校種との連携や交流活動を位置付けたりして学習活動を充実させるには，綿密な打合せを行うことが不可欠である。そのための適切な時間や機会の確保は，充実した学習活動を実施する上で配慮すべき事項である。

第6章
総合的な学習の時間
の年間指導計画及び
単元計画の作成

第3節　単元計画の作成

●1　単元計画の基本的な考え方

　単元とは，課題の解決や探究的な学習活動が発展的に繰り返される一連の学習活動のまとまりという意味である。単元計画の作成とは，教師が意図やねらいをもって，このまとまりを適切に生み出そうとする作業にほかならない。単元づくりは，教師の自律的で創造的な営みである。学校として既に十分な実践経験が蓄積され，毎年実施する価値のある単元計画が存在する場合でも，改めて目の前の児童の実態に即して，単元づくりを行う必要がある。

　単元計画を立てるに当たっては，今回の改訂により，第5章第3の1の(1)において「年間や，単元など内容や時間のまとまりを見通して，その中で育む資質・能力の育成に向けて，児童の主体的・対話的で深い学びの実現を図るようにすること。その際，児童や学校，地域の実態等に応じて，児童が探究的な見方・考え方を働かせ，教科等の枠を超えた横断的・総合的な学習や児童の興味・関心等に基づく学習を行うなど創意工夫を生かした教育活動の充実を図ること。」とされたことを踏まえることが重要である。

　総合的な学習の時間の学習活動については，探究的な学習であることを重要な要件の一つとしている。したがって，総合的な学習の時間では，児童にとって意味のある課題の解決や探究的な学習活動のまとまりとなるように単元を計画することが大切である。児童は，自分を取り巻く人，もの，ことについて，様々な興味・関心を抱いている。教師は，その中から教育的に見て価値のあるものを捉え，それを適切に生かして学習活動を組織する。学習活動の展開においては，育成を目指す資質・能力が育成されるように，児童が自ら課題を解決する過程を想定して単元の計画を立てる。

　このようにして生み出された単元は，児童の興味・関心をよりどころとするため，児童の活動への意欲は高い。また，そこでの学習も真剣なものとなりやすく，学んだ内容も生きて働くものとなることが多い。その一方で，児童が主体的に進める活動の展開においては，教師が意図した内容を児童が自ら学んでいくように単元を構成する点に難しさがある。この点がうまくいかないと，単なる体験や活動に終始してしまう場合もある。いわゆる「活動あって学びなし」とは，このような状況に陥った実践を批判した表現である。

　総合的な学習の時間の単元計画に際しては，次の二つの重要なポイントがある。一つは，児童による主体的で粘り強い課題の解決や探究的な学習活動を生み出すには，児童の興味や疑問を重視し，適切に取り扱うことである。もう一つ

は，課題の解決や探究的な学習活動の展開において，いかにして教師が意図した学習を効果的に生み出していくかである。

　以下，この二つのポイントに沿って単元計画を作成する際の要点を解説する。

(1) 児童の関心や疑問を生かした単元の構想

　総合的な学習の時間では，児童の関心や疑問が単元の源であり，単元計画を作成する際の出発点でもある。では，児童の関心や疑問をどのように捉え，単元計画につなげていけばよいか。そこには，三つの留意すべき点がある。

　第1に，児童の関心や疑問は，その全てを本人が意識しているとは限らず，無意識の中に存在している部分も多いと捉えることである。

　主体的で粘り強い課題の解決や探究的な学習活動を生み出すには，その出発点である児童の関心や疑問が本人にとって切実なものであることが重要である。しかし，何が自分にとっての関心や疑問であるか，児童が十分に自覚できていなかったり，適切に言語化できていなかったりすることも多い。興味・関心をもっていること，取り組んでみたいことなどについて，児童が話したことや書いたことのみを頼りに単元を計画してもうまくいかないのは，このためである。

　単元の計画に際しては，児童の関心や疑問は何かを丁寧に見取り，把握することが求められる。具体的には，日常生活の中での語りやつぶやき，日記やその他の日常生活の記録，保護者から寄せられた児童の様子など，児童の関心や疑問がうかがえる各種の資料を収集し，精査することが考えられる。あるいは，休み時間や給食の時間など，日常の何げない機会を捉え，児童と丁寧に会話する機会を設ける工夫なども有効である。会話の中で自分の考えや思いを語り，無自覚だった関心や疑問を児童自身が自覚することもある。

　第2に，児童の関心や疑問とは，児童の内に閉ざされた固定的なものではなく，環境との相互作用の中で生まれ，変化するものと捉えることである。今現在，児童が抱いている関心や疑問は，過去や現在における児童を取り巻く環境との相互作用の中で生まれてきたものである。そして，今後も様々な相互作用を通して変化していく。

　このように考えると，事前に児童が抱いている関心や疑問だけで単元計画を構想する必要はない。教師の働きかけなどにより，新たな関心や疑問が芽生える可能性も十分あるからである。そうやって新たに生まれた関心や疑問をよりどころに活動を組織し，単元を生み出すことも含めて考えることで，単元計画の選択肢は広がる。

　例えば，体験を通して児童に新たな関心や疑問が生じることは十分考えられるし，それを意図して特定の体験を設定することは，教師の意図的で計画的な指導

の一環である。あるいは，もっと直接的に「こんなことをしてはどうだろう」と具体的な活動を提案してもよい。児童だけでは思い付かないが，教師に提案されれば是非ともやってみたいと思う活動もあり得る。

第3に，児童にとって切実な関心や疑問であれば何を取り上げてもよいというわけではなく，総合的な学習の時間において価値ある学習に結び付く見込みのあるものを取り上げ，単元を計画することである。

教師が選択して取り上げるという点について，児童の関心や疑問に十分に応えることにならないのではないか，との疑念をもつかもしれない。しかし，総合的な学習の時間において，児童の関心や疑問を大切にし，それをよりどころとして学習活動を生み出すのは，その先で価値ある学習を実現するためである。そのためには，何でもよいというわけにはいかない。

また，児童の興味・関心は一つではない。第2の留意点で述べた通り，尋ねれば児童は一つの関心事を挙げるかもしれないが，それが唯一の関心でも，興味の全てでもない。今現在，児童が興味をもつことや関心を寄せるものなどはたくさんあり，さらに周囲の環境との相互作用の中で新たな関心や疑問は生まれてくるものである。大切なのは，教師が教育的な意図で選択して取り上げたものが，児童にとっての関心や疑問につながっていることである。

(2) 意図した学習を効果的に生み出す単元の構成

児童の関心や疑問を源とする児童主体の学習活動の中で，いかにすれば教師が意図する学習を効果的に生み出し，資質・能力を育成することができるかについて，以下に述べる。

まず，その関心や疑問から，児童はどのような活動を求め，展開していくだろうか，と考える。そして，活動の展開において出会う様々な問題場面と，その解決を目指して児童が行う課題の解決や探究的な学習活動の様相，さらにそれぞれの学習活動を通して児童が学ぶであろう内容について，考えられる可能性をできるだけ多面的，網羅的に予測する。もちろんその際には，各学校で定めた目標や内容との照らし合わせを行う。

例えば「学校の池をビオトープにしよう」という単元を考えてみる。理科の学習をきっかけに飼育しているメダカが増え，水槽では飼いきれなくなったとき，児童は池に放そうと考える。しかし，池の実態を調査してみるとその池があまりメダカにとってよい環境でないということへの気付きから，池を何とかしたい，メダカのためによい環境の池を作りたいと願う。この問題場面における児童の情意がこの後の意欲的な探究的な学習活動につながる。

池の構造やそこに生息する動植物を調査し，メダカの生態を軸に生き物にとっ

3
単元計画の
作成

て住みよい環境を考える中で，児童は生命の尊さや昔のまちの環境，生態系とは何か，日常の中に潜む環境の問題等に気付く。その際，かつてのまちの自然環境や植生を調べる活動の中で，インタビューや調査活動を行うことを通じて様々な世代の人や関係機関とつながり，様々な人と適切にコミュニケーションする力が求められる。その中で，まちの人の優しさや思いに触れ，まちへの愛着と地域の一員としての自覚を深めていくであろう。

　そして池をビオトープにすることがメダカにとってはよい環境に違いないと仮説を立て，池をビオトープ化する計画を立て始める。そもそもビオトープとは何か，どのように作り管理するのかという調査や研究が始まる。図書やインターネット等の情報を収集し，整理・分析を行う。一般的なビオトープについての知識や作り方については理解が進むが，それだけでは学校にある池を実際にどのように改造できるのか分からず，専門的な知識や経験をもった人を求めるようになる。専門家に巡り合い，繰り返し自分たちの考えや設計について話を聞いたりアドバイスをもらったりする中で，その人の自然に対する考え方や生き方に触れ，それまで以上に深く考えながらビオトープ作りに没頭していく。

　本気になって本物のビオトープを作ろうと考える児童は夢が膨らむ一方で，児童の力ではやりきれない現実の問題に出会う。ここで教師はかねてからアンテナを広げ関わっていた行政やNPO，ボランティア団体等，児童の活動を支援してくれる社会資源を活用し，児童の必要感と活動の必然性に乗せてタイミングよく出会わせたい。そのとき得られるさまざまな視点や立場からの支援は，一つのことを通して社会がつながっているという社会構造の一端に気付くことになり，自分たちが生きていく上で人や社会とつながり，関わることのよさと心強さを実感することになる。

　また，この先ビオトープを持続的・発展的に管理していくためには，在校生をはじめ地域や保護者の理解と協力を得ることが必要と考えてビオトープについての説明会を開くことになる。いかに分かりやすく，しかもその重要性を的確に伝えることが大切かという切実感は発表の工夫を生み，児童の思考力や表現力は更に高められることになる。

　このように児童の目線で丁寧に単元を構想する中で，各学校が設定した目標及び内容が，確かに実現するかどうかを判断していかなければならない。特に，教師はどこでどのような意図的な働きかけをする必要があるのか，またその際に留意すべき事柄は何かなども，具体的に明らかにすべきである。

　なお，先の例からも分かるように，単元を構成するに当たっては，次の2点に留意することが大切である。

　一つは，学習の展開における児童の意識や活動の向かう方向を的確に予測する

ことである。そのための方策としては、まず、児童の立場で考えること。次に、複数の教師で予測を行い、意見が異なった点については慎重に検討すること。また、タイプの異なる児童を想定し、「この児童であればこの場面ではこう考えるのではないか」などと、可能な限り具体に即して丁寧に予測すること、などが考えられる。

　もう一つは、十分な教材研究である。先の例で言えば、ビオトープの概念やその実現性、活動を支援してくれそうな専門家や関連機関などについて教師が十分に把握していなければ、活動場面における学習の可能性に気付くことは難しい。

　なお、総合的な学習の時間においては、児童にとって意味のある課題の解決や探究的な学習活動のまとまりを基に単元を構成するため、その活動の過程において取り扱う内容は一つとは限らない。一つの単元の中で複数の内容が見込まれることも考えられる。

　したがって、教材研究においても、できるだけ幅広く、拡散的に思考を巡らせていくことが重要である。

　ビオトープの教材としての広がりを想定した図のように、特定の素材から広がる活動や対象を、できるだけ幅広く拡散的に探索する手法を用いることが有効なのは、このためである。

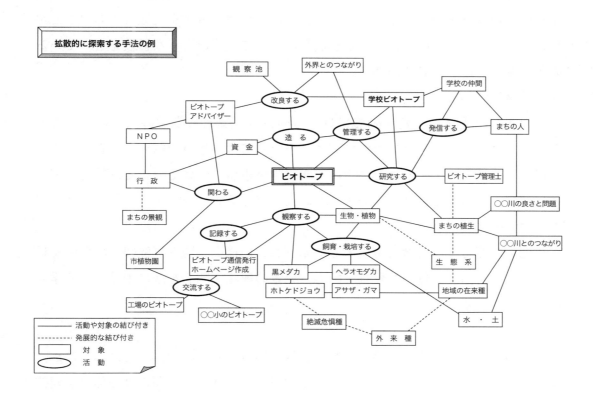

2 単元計画としての学習指導案

　先に記した単元の計画を具体的に表現するには，例えば，次に示す項目を学習指導案に位置付けることが考えられる。以下にその項目を記す。

① 　単元名

　総合的な学習の時間において，どのような学習が展開されるかを一言で端的に表現したものが単元名である。総合的な学習の時間の単元名については，例えば，次の点に配慮することが大切である。一つ目は，児童の学習の姿が具体的にイメージできる単元名にすることである。二つ目は，学習の高まりや目的が示唆できるようにすることである。

② 　単元目標

　どのような学習を通して，児童にどのような資質・能力を育成することを目指すのかを明確に示したものが単元目標である。各学校の目標や内容を視野に入れ，中核となる学習活動を基に構成することが考えられる。なお，目標の表記については，一文で示す場合，箇条書きにする場合などが考えられる。

③ 　児童の実態

　単元を構想し，構成する際には，児童の実態を明確に把握する必要がある。特に，目標を実現するにふさわしい探究課題，探究課題の解決を通して育成を目指す具体的な資質・能力について，どのような実態であるかを把握しておくことが欠かせない。また，中核となる学習活動について，どのような経験をもっているのかも明らかにする必要がある。

④ 　教材について

　教材とは，児童の学習を動機付け，方向付け，支える学習の素材のことである。単元計画の中に教材について記すに当たっては，教材の紹介にとどまらず，児童がその教材に出会うことによって学ぶ学習事項について分析し，教材のどこに価値があるのかを具体的に記すことが大切である。

⑤ 　単元の展開

　単元の展開では，目標を実現するにふさわしい探究課題，探究課題の解決を通して育成を目指す具体的な資質・能力，児童の興味・関心を基に中核となる学習活動を設定する。

　単元の学習を通して，どのような概念的な知識を児童に獲得してほしいのか，どのような思考力，判断力，表現力等や学びに向かう力，人間性等の伸長を期待しているのかを明確にし，児童の興味・関心から始まる学習活動の連続が，探究的な学習活動となるよう単元を構想しなければならない。この段階では，具体的

な時数や学習環境なども視野に入れ，単元の展開を具体化することが求められる。

3
単元計画の
作成

第4節　年間指導計画・単元計画の運用

　年間指導計画，及び単元計画の運用に当たっては，年度当初に立てた計画も学習活動の展開や児童の取組や願いを随時把握し，育成を目指す資質・能力と照らし合わせながら，必要に応じて適宜見直していく柔軟かつ弾力的な姿勢をもつことが大事である。

　総合的な学習の時間では，いかに周到に単元計画を作成しても，教師が想定した以上の児童らしい発想や追究の姿が見られることがある。また，児童の探究の方向性や課題の捉え方に教師の想定とのずれが生じて，計画通りに展開しない場合や育成を目指す資質・能力の高まりが見られない場合がある。あるいは，児童の取組や思考が停滞して，次の段階へ進むことが困難になることもある。

　そこで，児童の探究の様子や意識の流れ等を常に捉え，当初作成した年間指導計画や単元計画を見直し，修正をしていくことが必要になる。

　例えば，まちの環境問題を調べて白書にまとめ，区役所や市の環境センターに置いてもらうことで，環境問題を訴えるという単元について考える。当初，大気汚染の状況調査や，川の水質調査，ごみ処理の問題などに取り組み始めた児童は，その活動に没頭する。しかし，児童は環境問題への取組というゴールの見えない活動に疑問を感じ始め，白書にまとめたところでそれが実際の問題解決につながるのかと考えるようになる。

　ここで教師は，まず単元計画を見直し，活動のゴールを白書の作成ではなく，それまでの活動や体験を通してまちの人に直接に訴え，児童がまちの人の反応や活動の達成感をより味わえる活動にしようと単元計画を修正する。児童は話合いの中で，環境問題を起こすのも解決するのも私たち人間であるから，人々の心を少しずつでも変えていくことが，自分たちにできることであると結論を出し，方法として劇を通しての訴えを行っていこうと決める。そして劇団を作り自分たちの体験を基に脚本を作ったり，プロの演出家に指導を受けたりしながら，劇を通して人の心を変えることで環境問題に向き合っていく。体験に基づいた脚本や，まちの環境をよくしたいという切実な思い溢れる演技は，質の高い劇を創り出し，まちの公民館や市の環境セミナーなどで繰り返し上演を行っていくことになる。

　このように，活動中の児童の疑問や問題意識をきちんとつかみ，改めて単元計画を見直す中で，育成を目指す資質・能力の高まりを捉えながら，適宜学習活動の充実を図ることが大切である。

　次に，このような単元の流れをしっかりと記録し，年間指導計画を修正しながら学校全体で共有することで，次年度以降の単元づくりに多くの示唆を与えるこ

とになる。

　また，単元計画の変更に伴い，授業時間の面でも弾力的な運用が求められる。

　総合的な学習の時間ではその目標を実現するためには，児童の学習活動が主体的に連続していくように，適宜，可能な指導や支援を想定し，授業を実施する。つまり児童の思考や活動がなるべく中断されずに，自己の学びを振り返ることができるような探究的な学習活動の区切りを見極めていく必要がある。そのためには，単位時間の設定においてはその活動目的に応じて，単位時間の弾力化が求められる。

　ほかにも，活動の目的や方法，内容が変更された場合には年間指導計画を見直し，改めて関連する教科等の内容が無いかを検討し，児童の学びの必要感や必然性に基づいて位置付けたり，新たに児童の思考や活動を深める専門家や関連機関等との連携も視野に入れて教材研究し直したりすることが必要になる。

4
年間指導計画・単元計画の運用

第7章　総合的な学習の時間の学習指導

　本章では，総合的な学習の時間において，どのような学習指導を行うことが求められているのかを記していく。まず，本章第1節では，学習指導の基本的な考え方を「児童の主体性の重視」，「適切な指導の在り方」，「具体的で発展的な教材」の三つから記述していく。そして，本章第2節では，総合的な学習の時間における「主体的・対話的で深い学び」について述べる。さらに，本章第3節では，これらの考え方を受け，学習指導の際のポイントを「探究的な学習の過程」に沿って具体的に解説していく。

第1節　学習指導の基本的な考え方

●1　児童の主体性の重視

　総合的な学習の時間の学習指導の第1の基本は，学び手としての児童の有能さを引き出し，児童の発想を大切にし，育てる主体的，創造的な学習活動を展開することである。

　児童は本来，知的好奇心に富み，自ら課題を見付け，自ら学ぶ意欲をもった存在である。児童は，具体的な事実に直面したり様々な情報を得たりする中で，対象に強い興味や関心をもつ。また，実際に体験したり調査したりして，繰り返し対象に働きかけることで，対象への思いを膨らませていく。

　さらに，児童は未知の世界を自らの力で切り開く可能性を秘めた存在である。興味ある事象についての学習活動に取り組む児童は，納得するまで課題を追究し，本気になって考え続ける。この学習の過程において，児童はよりよく課題を解決し，自己の生き方を考えていくための資質・能力を育んでいく。

　こうした児童がもつ本来の力を引き出し，それを支え，伸ばすように指導していくことが大切であり，そうした肯定的な児童観に立つことが欠かせない。しかし，児童の主体性を重視するということは，教師が児童の学習に対して積極的に関わらないということを意味するものではない。

　例えば，児童の主体性が発揮されている場面では，児童が自ら変容していく姿を見守ることが大切である。また，児童の取組が停滞したり迷ったりしている場面では，適切な指導が必要である。そのようにして，児童のもつ潜在的な力が発揮されるような学習指導を行うことが大切である。

2 適切な指導の在り方

　学習指導の第2の基本は，探究課題に対する考えを深め，資質・能力の育成につながる探究的な学習となるように，教師が適切な指導をすることである。

　第1の基本に示したように，原則としては児童のよさや可能性を引き出し，それを支え，伸ばすことが重要である。そこでは，児童の主体的な取組を重視する。しかし，それだけでは学習の広がりや深まりは期待できない。そこで，3で述べる適切な教材が用意されていることが大切であり，さらに，探究的な学習として展開していくように，教師が指導性を発揮することが重要である。どのような体験活動を仕組み，どのような話合いを行い，どのように考えを整理し，どのようにして表現し発信していくかなどは，まさに教師の指導性にかかる部分であり，児童の学習を活性化させ，発展させるためには欠かせない。こうした教師の指導性と児童の自発性・能動性とのバランスを保ち，それぞれを適切に位置付けることが豊かで質の高い総合的な学習の時間を生み出すことにつながる。

　そのためには，児童の状況や教材の特質に応じて，教師がどのような意図をもって展開していくかが問われる。学習を展開するに当たって，教師自身が明確な考えをもち，期待する学習の方向性や望ましい変容の姿を想定しておくことが不可欠である。学習活動のイメージをもつことで，どのような場面でどのように指導するのかが明らかになる。また，児童の望ましい変容の姿を想定しておくことで，学習状況に応じた適切な指導も可能になる。

3 具体的で発展的な教材

　学習指導の第3の基本は，身近にある具体的な教材，発展的な展開が期待される教材を用意することである。

　総合的な学習の時間では，児童の自主性や自発性を重視し，児童の思いや願いを大切にすることを記してきた。しかし，充実した学習活動を展開し，学習を深め，児童が探究課題の解決を通して育成を目指す具体的な資質・能力を身に付けていくためには，2で述べたように適切な教材（学習材）が用意されていることが欠かせない。

　教材は，探究的な学習として質の高い学習活動が展開されるように，児童の学習を動機付けたり，方向付けたり，支えたりするものであることが望まれる。児童の興味・関心をこれまで以上に重視しながら，児童の身の回りの日常生活や社会にある事物や現象を適切に取り上げ，児童にとって学ぶ価値のある教材としていくことが重要である。

1
学習指導の
基本的な考
え方

総合的な学習の時間の教材には，以下の特徴があることが求められる。一つには，児童の身近にあり，観察したり調査したりするなど，直接体験をしたり繰り返し働きかけたりすることのできる具体的な教材であることである。総合的な学習の時間は，探究的な学習の過程に体験活動を適切に位置付けることが重要であり，そうした中で行われる全身を使った対象の把握と情報の収集が欠かせない。総合的な学習の時間においては，間接的な体験による二次情報も必要ではあるが，より優先すべきは，実物に触れたり，実際に行ったりするなどの直接体験であることは言うまでもない。

　二つには，児童の学習活動が豊かに広がり，発展していく教材であることである。児童は，実社会や実生活とのつながりのある具体的な活動や体験を行うことによって意欲的で前向きな姿勢となる。そのため，一つの対象から，次々と学習活動が展開し，自然事象や社会事象へと多様に広がり，学習の深まりが生まれることが大切である。また，生活の中にある教材であっても，そこから広い世界が見えてくるなど，身近な事象から現代社会の課題等に発展していくことが期待される。

　このように，総合的な学習の時間における教材は，実際の生活の中にある問題や事象を取り上げることが効果的である。例えば，食生活の問題を取り上げたとしても，そこから自然環境の問題や労働問題，食料自給率の問題などが見えてくる。身近にある具体的な教材，発展的な展開が期待される教材であることが望まれる。

　三つには，実社会や実生活について多面的・多角的に考えることができる教材であることである。身近な事象や現代社会の課題等には，様々な捉え方や考え方ができるものがあり，それらについて特定の立場や見方に偏った取扱いがされているような教材は適切ではない。

第7章
総合的な学
習の時間の
学習指導

第2節 探究的な学習の過程における「主体的・対話的で深い学び」

　本解説第2章第2節で示したように，探究的な学習とは，日常生活や社会に生起する複雑な問題について，その本質を探って見極めようとする学習のことであり，問題解決的な活動が発展的に繰り返されていく一連の学習活動のことである。前回の改訂では，総合的な学習の時間を探究的な学習とするために，「課題の設定」，「情報の収集」，「整理・分析」，「まとめ・表現」の学習過程が繰り返される中で，児童の資質・能力が育ち，学習が更に高まっていくことが重要であることが示された。そして，その過程の中で，実社会や実生活と関わりのある学びに主体的に取り組んだり，異なる多様な他者との対話を通じて考えを広めたり深めたりする学びを実現することが大切にされてきた。したがって，総合的な学習の時間において「主体的・対話的で深い学び」の視点による授業改善を重視することは，探究的な学習の過程をより一層質的に高めていくことにほかならない。

　なお，今回の改訂で重視される「主体的な学び」，「対話的な学び」，「深い学び」の三つの視点は，子供の学びとしては一体として実現されるものであり，また，それぞれ相互に影響し合うものでもある。単元のまとまりの中で，それぞれのバランスに配慮しながら学びの状況を把握し改善していくことが求められる。以下，探究的な学習の過程における「主体的・対話的で深い学び」の実現について具体的に解説する。

●1　「主体的な学び」の視点

　「主体的な学び」とは，学習に積極的に取り組ませるだけでなく，学習後に自らの学びの成果や過程を振り返ることを通して，次の学びに主体的に取り組む態度を育む学びである。これまでも，総合的な学習の時間においては，学習したことをまとめて表現し，そこからまた新たな課題を見付け，更なる問題の解決を始めるといった学習活動を発展的に繰り返していく過程を重視してきた。

　こうした学習過程の中で児童が主体的に学んでいく上では，課題設定と振り返りが重要となる。課題設定については，児童が自分の事として課題を設定し，主体的な学びを進めていくようにするために，実社会や実生活の問題を取り上げることが考えられる。また，学習活動の見通しを明らかにし，学習活動のゴールとそこに至るまでの道筋を鮮明に描くことができるような学習活動の設定を行うことも大切になる。

　一方，振り返りについては，自らの学びを意味付けたり，価値付けたりして自覚し，他者と共有したりしていくことにつながる。言語によりまとめたり表現し

たりする学習活動として，文章やレポートに書き表したり，口頭で報告したりすることなどを行うことが考えられる。特に，文字言語によってまとめることは，学習活動を振り返り，体験したことと収集した情報や既有の知識とを関連させ，自分の考えとして整理する深い理解につながっていく。なお，振り返りは必ずしも単元の最後に行うとは限らない。時には探究の過程において，途中で一旦立ち止まって振り返って考え直してみるということも，主体的な学びという視点からは意義があるものと考えられる。

●2 「対話的な学び」の視点

「対話的な学び」とは，他者との協働や外界との相互作用を通じて，自らの考えを広げ深めるような学びである。以前より，総合的な学習の時間では，他者とともに探究的な学習に取り組むことを大切にしてきたように，探究的な学習の過程を質的に高めていくためには，引き続き異なる多様な他者と力を合わせて課題の解決に向かうことが欠かせない。

ここで行われる異なる多様な他者と対話することには，次の三つの価値が考えられる。一つは，他者への説明による情報としての知識や技能の構造化である。児童は身に付けた知識や技能を使って相手に説明して話すことで，つながりのある構造化された情報へと変容させていく。二つは，他者からの多様な情報収集である。多様な情報が他者から供給されることで，構造化は質的に高まるものと考えられる。三つは，他者とともに新たな知を創造する場の構築と課題解決に向けた行動化への期待などである。実際の授業場面では，情報の質と量，再構成の方法等に配慮して具体的な学習活動や学習形態，学習環境として用意する必要がある。例えば，「考えるための技法」を意識的に使っていくことなどは，対話的な学びを確かに実現していくものと期待できる。なぜなら，情報が「可視化」され「操作化」されることで，児童が自ら学び共に学ぶ姿が具現化されるからである。こうした授業改善の工夫により，思考を広げ深め，新たな知を創造する児童の姿が生まれると考えられる。

一方で，協働的な学習はグループとして結果を出すことが目的ではなく，その過程を通じて，一人一人がどのような資質・能力を身に付けるかということが重要である。グループとして考えるだけでなく，一人一人が学習の見通しをもったり，振り返ったりすることが求められる。

なお，「対話的な学び」は，学校内において他の児童と活動を共にするということだけではなく，一人でじっくりと自己の中で対話すること，先人の考えなどと文献で対話すること，離れた場所をICT機器などでつないで対話することな

ど，様々な対話の姿が考えられる。

● 3 「深い学び」の視点

「深い学び」については，探究的な学習の過程を一層重視し，これまで以上に学習過程の質的向上を目指すことが求められる。探究的な学習の過程では，各教科等で身に付けた「知識及び技能」，「思考力，判断力，表現力等」の資質・能力を活用・発揮する学習場面を何度も生み出すことが期待できる。それにより，各教科等で身に付けた「知識及び技能」は関連付けられて概念化し，「思考力，判断力，表現力等」は活用場面と結び付いて汎用的なものとなり，多様な文脈で使えるものとなることが期待できる。

また，このように充実した学習の過程において，児童は手応えをつかみ前向きで好ましい感覚を得ることが期待できる。そのことが，更なる学習過程の推進に向かう安定的で持続的な意志を涵養していく。

総合的な学習の時間における探究的な学習の過程が充実することにより，各教科等で育成された資質・能力は繰り返し活用・発揮される。そのことによって，生きて働く知識及び技能として習得され，未知の状況にも対応できる思考力，判断力，表現力等が育成され，学びを人生や社会に生かそうとする学びに向かう力，人間性等の涵養につながるのである。

探究的な学習の各段階において，「深い学び」の視点を意識するために大切と考えられるポイントは次節において解説する。

2
探究的な学習の過程における「主体的・対話的で深い学び」

第3節 探究的な学習の指導のポイント

　今回の改訂においては，「横断的・総合的な学習」を，「探究的な見方・考え方」を働かせて行うことを通して，よりよく課題を解決し，自己の生き方を考えていくための「資質・能力」を育成することを目指している。本解説第2章第1節で述べたように，この「探究的な見方・考え方」とは，各教科等における見方・考え方を総合的に活用するとともに，広範な事象を多様な角度から俯瞰して捉え，実社会・実生活の課題を探究し，自己の生き方を問い続けることであると言える。この探究的な見方・考え方は，各教科等の見方・考え方を活用することに加えて，「俯瞰して対象を捉え，探究しながら自己の生き方を問い続ける」という，総合的な学習の時間に特有の物事を捉える視点や考え方である。つまり，探究的な見方・考え方を働かせるということは，これまでの総合的な学習の時間において大切にしてきた「探究的な学習」の一層の充実が求められていると考えることができる。

　本節においては，今回の改訂の趣旨を実現するための具体的な学習指導のポイントを，次の二つに分けて示していく。一つは，「学習過程を探究的にすること」とし，探究的な学習の過程のイメージを明らかにしていく。もう一つは，「他者と協働して主体的に取り組む学習活動にすること」とし，「探究的な学習」の更なる充実に向けた方向性を明らかにしていく。

●1　学習過程を探究的にすること

　探究的な学習とするためには，学習過程が以下のようになることが重要である。

【①課題の設定】　体験活動などを通して，課題を設定し課題意識をもつ
【②情報の収集】　必要な情報を取り出したり収集したりする
【③整理・分析】　収集した情報を，整理したり分析したりして思考する
【④まとめ・表現】　気付きや発見，自分の考えなどをまとめ，判断し，表現する

　なお，ここでいう情報とは，判断や意思決定，行動を左右する全ての事柄を指し，広く捉えている。言語や数字など記号化されたもの，映像や写真など視覚化されたものによって情報を得ることもできるし，具体物との関わりや体験活動など，事象と直接関わることによって情報を得ることもできる。

　もちろん，こうした探究の過程は，いつも①～④が順序よく繰り返されるわけではなく，順番が前後することもあるし，一つの活動の中に複数のプロセスが一

体化して同時に行われる場合もある。およその流れのイメージであるが，このイメージを教師がもつことによって，探究的な学習を具現するために必要な教師の指導性を発揮することにつながる。また，この探究の過程は何度も繰り返され，高まっていく。

　例えば，地域に多くの観光客が訪れることから，児童は「地域のよさって何だろう。」と考える（①課題の設定）。学級内で「地域のよさ」について話合いをしたり，地域の人や観光客からアンケートを取ったりする（②情報の収集）。その収集した情報を仲間分けしていくと，気付いていなかった地域のよさが明らかになってくる（③整理・分析）。そのよさを確かめるために，実際に見学に行ったり体験をしたりなどして，「地域のよさ」について新たな情報を集めてくる（②情報の収集）。さらに，友達と「本当の地域のよさ」について情報交換し話合いをする（④まとめ・表現）。話し合う中で，「もっと地域の魅力を知りたい。」という，新たな課題が設定され，更なる課題の解決が始まる。「地域のよさって何だろう。」という最初の疑問は，児童にとって本気で真剣な「地域の魅力を調べよう。」へと更新されていく。

　以下に，それぞれのプロセスごとの学習活動のイメージと，そこで行われる具体的な教師の学習指導のポイントを記す。

①　課題の設定

　総合的な学習の時間にあっては，児童が実社会や実生活に向き合う中で，自ら課題意識をもち，その意識が連続発展することが欠かせない。しかし，児童が自ら課題をもつことが大切だからといって，教師は何もしないでじっと待つのではなく，教師が意図的な働きかけをすることが重要である。例えば，人，社会，自然に直接関わる体験活動においても，学習対象との関わり方や出会わせ方などを，教師が工夫する必要がある。その際，事前に児童の発達や興味・関心を適切に把握し，これまでの児童の考えとの「ずれ」や「隔たり」を感じさせたり，対象への「憧れ」や「可能性」を感じさせたりする工夫をしなくてはならない。

　例えば，児童は，対象やそこに存在する問題事象に直接出会い向き合うとき，「不思議だ」，「どうしてかな」という疑問や，「びっくりした」，「知らなかった」という驚きなど，現実の状況と理想の姿との対比などから問題を見いだし，課題意識を高めることが多い。身近な川を対象にし，川の探検をする活動では，川にゴミが落ちていることや川が汚れていることなどに気付く。こうした川の現実の姿を知ることで，理想的な川のイメージとのずれなどから，児童は身近な川の環境問題に意識を向ける。ここでは，実際の川を目で見て，肌で触れることが効果的である。身体全体を通して川と関わり，川を理解することが，「どうして川が汚れているのだろう」，「いつごろから川が汚くなったのだろう」，「生き物は生息

しているのだろうか」などといった課題意識を高めていく。

課題を設定する場面では，こうした対象に直接触れる体験活動が重要であり，そのことが，その後の息の長い探究的な学習活動の原動力となる。

②　情報の収集

課題意識や設定した課題を基に，児童は，観察，実験，見学，調査，探索，追体験などを行う。こうした学習活動によって，児童は課題の解決に必要な情報を収集する。情報を収集する活動は，そのことを児童が自覚的に行う場合と無自覚的に行っている場合とがある。目的を明確にして調査したりインタビューしたりするような活動では，自覚的に情報を収集していることになる。一方，体験活動に没頭したり，体験活動を繰り返したりしている時には，無自覚のうちに情報を収集していることが多い。そうした自覚的な場と無自覚的な場とは常に混在している。意図や目的をもって栽培活動を繰り返す活動では，育てている作物に関する様々な情報を収集しているのだが，同時にその中で無自覚的な情報の収集も行われている。このように，情報を収集することにおいても，体験活動は重要である。

例えば，川に生息する水生生物を調べたり，パックテストなどで水質調査をしたりする。実際に川に入って生き物を探したり，水質を調べたりする。また，川の周辺の植生などを観察することも考えられる。その他にも，川の昔と今の様子を図書館の文献で調べたり，川の近くの住民にインタビューしたりすることも考えられる。

こうした場面では，いくつかの配慮すべき事項がある。

一つ目は，収集する情報は多様であり，それは学習活動によって変わるということである。例えば，パックテストを使えば数値化した情報を収集することができる。文献を調べたり，インタビューをしたりすれば言語化した情報を手に入れることができる。実際に体験活動を行えば「汚い」，「くさい」といった感覚的な情報の獲得が考えられる。どのような学習活動を行うかによって収集する情報の種類が違うということであり，その点を十分に意識した学習活動が行われることが求められる。特に，総合的な学習の時間では，体験を通した感覚的な情報の収集が大切であり，そうした情報こそが児童の真剣な探究的な学習活動を支える。

二つ目は，課題解決のための情報収集を自覚的に行うことである。具体的な体験活動が何のための学習活動であるのかを自覚して行うことが望ましい。体験活動自体の目的を明確にし，そこで獲得される情報を意識的に収集し蓄積することが大切である。そのことによって，どのような情報を収集するのか，どのような方法で収集するのか，どのようにして蓄積するのか，などの準備が整うことになる。

三つ目は，収集した情報を適切な方法で蓄積することである。数値化した情報，言語化した情報などは，デジタルデータをはじめ様々な形のデータとして蓄積することが大切である。その情報がその後の探究的な学習活動を深める役割を果たすからである。収集した場所や相手，期日などを明示して，ポートフォリオやファイルボックス，コンピュータのフォルダなどに蓄積していく。その際，個別の蓄積を基本とし，必要に応じて学級やグループによる共同の蓄積方法を用意することが考えられる。一方，適切な方法で蓄積することが難しいのは感覚的な情報である。体験活動を行ったときの感覚，そのときの思いなどは，時間の経過とともに薄れていき，忘れ去られる。しかし，そうした情報は貴重なものであり，その後の課題解決に生かしたい情報である。したがって，体験活動を適切に位置付けていくだけではなく，体験で獲得した情報をレポートなどで言語化して，対象として扱える形で蓄積することにも配慮が必要である。

　また，こうした情報の収集場面では，各教科等で身に付けた資質・能力を発揮することで，より多くの情報，より確かな情報が収集できる。例えば，理科で身に付けた観察する技能や動植物に対する知識は，河川の周辺の情報を豊かに集めることにつながる。また，国語科で身に付けた話すこと・聞くことに関する思考力，判断力，表現力等を生かし，周辺の住民にインタビューをしてたくさんの情報を入手することも可能になる。社会科の資料活用の学習を生かして，多様な文献を探し出し，資料を比較することも考えられる。なお，情報の収集に際しては，必要に応じて教師が意図的に資料等を提示することも考えられる。

③　整理・分析

　②の学習活動によって収集した多様な情報を整理したり分析したりして，思考する活動へと高めていく。収集した情報は，それ自体はつながりのない個別なものである。それらを種類ごとに分けるなどして整理したり，細分化して因果関係を導き出したりして分析する。それが思考することであり，そうした学習活動を位置付けることが重要である。

　例えば，水生生物の分布の様子を地図上に整理したり，水質の変化をグラフ化したりすることが考えられる。また，文献から得た情報を年代ごとに表にまとめたり，インタビューから得た情報をカードにして整理したりすることも考えられる。あるいは，論点を明確にして決断を迫るような討論を行うことなども考えられる。

　このような学習活動を通して，児童は収集した情報を比較したり，分類したり，関連付けたりして情報内の整理を行う。このことこそ，情報を活用した活発な思考の場面であり，こうした学習活動を適切に位置付けることが重要である。その際には，以下の点に配慮したい。

一つは，児童自身が情報を吟味することである。自分が見たこと，人から聞いたこと，図書やインターネット等で調べたことなど様々な情報が集まる。特に情報通信技術の発達により，インターネット等で大量の情報に接することが容易となった今日においては，どのように入手した情報なのか，どのような性格の情報なのかということを踏まえて整理を行うことが必要である。特に児童は，図書やインターネット等で示されている情報をそのまま客観的な事実として捉えがちである。しかし実際には，統計などの客観的なデータや当事者が公式に発表している一次情報だけでなく，誰かの個人的な意見であったり，他所からの転用であったりする情報も多い。一旦収集した情報を整理する段階で吟味することの必要性について考えさせることが重要である。

　二つは，どのような方法で情報の整理や分析を行うのかを決定することである。情報の整理の仕方は数値化された情報と，言語化した情報とでは扱い方が違ってくる。また情報の分量が多いか少ないかによっても扱い方は変わってくる。数値化された情報であれば，統計的な手法でグラフにすることが考えられる。グラフの中にも，折れ線グラフ，棒グラフ，円グラフなど様々な方法が考えられる。言語化された情報であれば，カードにして整理する方法，出来事を時間軸で並べる方法，調査した結果をマップなどの空間軸に整理する方法などが考えられる。情報に応じて適切な整理や分析の方法が考えられるとともに，その学習活動によって，どのように考えさせたいのかが問われる。

　ここでは，情報を整理・分析することを意識的に行うために，比較して考える，分類して考える，序列化して考える，類推して考える，関連付けして考える，原因や結果に着目して考える，などの「考えるための技法」を意識することがポイントとなる。何を，どのように考えさせたいのかを意識し，「考えるための技法」を用いた思考を可視化する思考ツールを活用することで，整理・分析場面の学習活動の質を高め，全ての児童に資質・能力を確かに育成していくことが求められている。

　なお，ここでも，先の事例でも明らかなように，国語科の「情報の扱い方」や算数科の「データの活用」をはじめ様々な教科での学習成果が生かされる。

④　まとめ・表現

　情報の整理・分析を行った後，それを他者に伝えたり，自分自身の考えとしてまとめたりする学習活動を行う。そうすることで，それぞれの児童の既存の経験や知識と，学習活動により整理・分析された情報とがつながり，一人一人の児童の考えが明らかになったり，課題がより一層鮮明になったり，新たな課題が生まれたりしてくる。このことが学習として質的に高まっていくことであり，表面的ではない深まりのある探究的な学習活動を実現することにつながる。

例えば，調査結果をレポートや新聞，ポスターにまとめたり，写真やグラフ，図などを使ってプレゼンテーションとして表現したりすることなどが考えられる。相手を意識して，伝えたいことを論理的に表現することで，自分の考えは一層確かになっていく。身近な川における環境の問題を考えながら，自らの日頃の行動の在り方，身近な環境と共生する方法について考えることになる。

　こうした場面では，次の点に配慮したい。

　一つは，相手意識や目的意識を明確にしてまとめたり，表現したりすることである。誰に伝え，何のためにまとめるのかによって，まとめや表現の手法は変わり，児童の思考の方向性も変わるからである。二つは，まとめたり表現したりすることが，情報を再構成し，自分自身の考えや新たな課題を自覚することにつながるということである。三つは，伝えるための具体的な方法を身に付けるとともに，それを目的に応じて選択して使えるようにすることである。例えば，様々な手法を使って，探究的な学習活動によって分かったことや考えたことを，学級の友達や保護者，地域の人々などに分かりやすく伝える，といったことである。ここでは，各教科等で獲得した表現方法を積極的に活用することが考えられる。文章表現はもちろん，図表やグラフ，絵，音楽などを使い，それらを組み合わせて表現することなども考えられる。

　このように，表現するに当たっては国語科，音楽科，図画工作科などの教科で身に付けた力が発揮されることが予想できる。なお，ここでの学習活動は，それ自体が②③④の学習活動を同時に行っていると考えることができる場合もある。

　ここまで，①【課題の設定】，②【情報の収集】，③【整理・分析】，④【まとめ・表現】の探究的な学習の過程に沿って学習活動を具体的にイメージしてきた。こうした学習活動を繰り返していくことが探究的な学習を実現することにつながる。

●2　他者と協働して主体的に取り組む学習活動にすること

　中央教育審議会答申では，主体的に学ぶこと，協働的に学ぶことの意義を説明するに当たり，人工知能にない人間の強みについて以下のように言及している。

　「人工知能がいかに進化しようとも，それが行っているのは与えられた目的の中での処理である。一方で人間は，感性を豊かに働かせながら，どのような未来を創っていくのか，どのように社会や人生をよりよいものにしていくのかという目的を自ら考え出すことができる。多様な文脈が複雑に入り交じった環境の中でも，場面や状況を理解して自ら目的を設定し，その目的に応じて必要な情報を見いだし，情報を基に深く理解して自分の考えをまとめたり，相手にふさわしい表

現を工夫したり，答えのない課題に対して，多様な他者と協働しながら目的に応じた納得解を見いだしたりすることができるという強みを持っている。」

　総合的な学習の時間においては，目標にも明示されているように，特に，異なる多様な他者と協働して主体的に課題を解決しようとする学習活動を重視する必要がある。それは，多様な考え方をもつ他者と適切に関わり合ったり，社会に積極的に参画したり貢献したりする資質・能力の育成につながるからである。また，協働的に学ぶことにより，探究的な学習として，児童の学習の質を高めることにつながるからである。そしてその前提として，何のために学ぶのか，どのように学ぶのかということを児童自身が考え，主体的に学ぶ学習が基盤にあることが重要である。

　協働的に学ぶことの意義の一つ目は，多様な情報の収集に触れることである。同じ課題を追究する学習活動を行っていても，収集する情報は協働的な学習の方が多様であり，その量も多い。情報の多様さと多さは，その後の整理や分析を質的に高めるために欠くことのできない重要な要件である。二つ目は，異なる視点から検討ができることである。整理したり分析したりする際には，異なる視点や異なる考え方があることの方が，深まりが出てくる。一面的な考え方や同じ思考の傾向の中では，情報の整理や分析も画一的になりやすい。三つ目は，地域の人と交流したり友達と一緒に学習したりすることが，相手意識を生み出したり，学習活動のパートナーとしての仲間意識を生み出したりすることである。共に学ぶことが個人の学習の質を高め，同時に集団の学習の質も高めていく。

　このように協働的に取り組む学習活動を行うことが，児童の学習の質を高め，探究的な学習を実現することにもつながる。具体的には，以下のような場面と児童の姿が想定できる。

(1) 多様な情報を活用して協働的に学ぶ

　体験活動では，それぞれの児童が様々な体験を行い多様な情報を手に入れる。それらを出し合い，情報交換しながら学級全体で考えたり話し合ったりして，課題が明確になっていく場面が考えられる。

　例えば，町の様子を探検した後に，発見したことを出し合い，それを黒板に整理し，「みんなが見付けた発見の中で，似ていたり，共通していたりすることはないだろうか」などと発問する。このことで児童は，町探検で発見してきた情報を改めて見つめ直し，互いの発見の共通点や相違点に気付いたり，互いの発見の関連性を見付けたりする。「ここがもっと知りたくなった，詳しく調べてみたいということはないだろうか」と更に問い掛けることで，「また探検に出かけてみたい」，「今度は詳しく調べてきたい」などと目的や課題を明確にしていくことが

できる。

　学級という集団での協働的な学習を有効に機能させ，多様な情報を適切に活用することで，探究的な学習の質を高めることが可能となる。

(2) 異なる視点から考え協働的に学ぶ

　物事の決断や判断を迫られるような話合いや意見交換を行うことは，収集した情報を比較したり，分類したり，関連付けたりして考えることにつながる。そのような場面では，異なる視点からの意見交換が行われることで，互いの考えは深まる。

　例えば，米作りの活動を行う際に，農薬の使用について話し合う場面が考えられる。農薬の使用は，米を順調に生育させ，病害虫などから守る役目がある。一方で，農薬を使用しないことに価値を見いだしている農家も存在する。実際に米作りの体験をしたり，生産者の苦労などを直接聞き取ったり，農作物の成長や農薬の科学的な働きを調べたりした上で話合いを行うと，異なる視点での意見が出され，互いの考えを深めることにつながっていく。このことにより，農薬の使用がどのような理由で行われているのか，そのことが食糧生産や農業事情と深く関わっていることなど，児童の幅広い理解と思考の深まりを生む。

　このように異なる視点を出し合い，検討していくことで，事象に対する認識が深まり，学習活動を更に探究的な学習へと高めていくことが考えられる。

　そのために，それぞれ異なる個性，興味関心をもっている児童同士で学ぶことには大きな意義がある。家業が農業であったり親戚に農業従事者がいたりする児童，食についての安全性に関心がある児童，食について深く考えたことはないがスポーツを通して健康に関心のある児童，外国での生活経験がある児童など，異なる興味関心や経験がある児童同士が学ぶことにより異なる視点からの考えを出し合いやすくなることが考えられる。またそうした学習を通して，互いのよさや可能性を尊重し合う態度の育成にもつながっていく。

(3) 力を合わせたり交流したりして協働的に学ぶ

　一人でできないことも集団で実現できることは多い。児童同士で解決できないことも地域の人や専門家などとの交流を通じて学んだことを手掛かりに学ぶこともできる。また，地域の大人などとの交流は，児童の社会参画の意識を目覚めさせる。

　例えば，自分たちの生活する地域のよさを学び，その地域のよさを特産品として開発する学習活動が考えられる。児童は特産品を開発し，地域の人や専門家に提案しようとする。その際，学級の友達と力を合わせたり分担したりして特産品

を作り，一人ではできなかったことも，仲間がいることで成し遂げられることを実感する。また，そこでは，開発した特産品のよさを地域の人に伝えようとしたり，特産品の特徴を分かりやすく伝えようとしたりして，真剣に活動に取り組む。

こうした製作や交流の場面では，友達や専門家からの助言，地域の大人からの激励を受ける場面を設定することができる。児童は特産品を開発する活動を通して，力を合わせて取り組むことの大切さや地域社会に関わる喜びなどを実感していく。

こうした探究的な学習に協働的に取り組むことを通して，児童は協働的な学習のよさや意義を学ぶことができる。協働的に学ぶことは総合的な学習の時間だけでなく，学校教育全体で進めていくものであるが，あらかじめ一つの決まった答えのない探究的な学習だからこそ協働的な学習のよさが見えやすいという面がある。

(4) 主体的かつ協働的に学ぶ

本章の(1)から(3)までに示したように，協働的に取り組む学習活動においては，「なぜその課題を追究してきたのか（目的）」，「これを追究して何を明らかにしようとしているのか（内容）」，「どのような方法で追究すべきなのか（方法）」などの点が児童の中で繰り返し問われることになる。このことは，児童が自らの学習活動を振り返り，その価値を確認することにもつながる。協働して学習活動に取り組むことが，児童の探究的な学習を持続させ発展させるとともに，一人一人の児童の考えを深め，自らの学習に対する自信と自らの考えに対する確信をもたせることにもつながる。学級集団や学年集団を生かすことで，個の学習と集団の学習が互いに響き合うことに十分配慮し，質の高い学習を成立させることが求められる。

児童が社会に出たときに直面する様々な問題のほとんどは，一人の力だけでは解決できないもの，協働することでよりよく解決できるものである。しかし，問題を自分のこととして受け止め，よりよく解決するために自分が取り組もうとする主体性がなければ，協働は成り立たない。

総合的な学習の時間は，協働的な学習を基盤とする。しかし，その目指すところは，目標に明示したように一人一人がよりよく課題を解決し，自己の生き方を考えていくための資質・能力を養うことにある。指導計画の作成の段階，学習活動を行う段階，学習評価を行う段階のいずれにおいても，このことを意識しておきたい。

協働的に学ぶということはそれぞれの個性を生かすということでもある。学級

の中では，全ての児童が社交的，開放的であるとは考えられないし，内省を好む児童もいれば，他者との関わりに困難さを感じる児童もいて当然である。全ての児童を同じ方向に導くということではなく，それぞれの児童なりに主体的に学ぶこと，協働的に学ぶことのよさを実感できるように工夫することが必要である。そのためにも，協働性と主体性の両方をバランスよく意識したい。第1の目標の中に探究的な学習に主体的・協働的に取り組むことが明示されたこと，各学校が育成を目指す資質・能力を設定するに当たり「学びに向かう力，人間性等については，自分自身に関すること及び他者や社会との関わりに関することの両方の視点を踏まえること。」とされた趣旨は，こうした主体的であることと協働的であることの両方が重要であるとしたことによるものである。

　なお，従来「協同的」としてきたものを今回の改訂で「協働的」と改めた趣旨は，意図するところは同じであるが，ここまで述べたような，異なる個性をもつ者同士で問題の解決に向かうことの意義を強調するためのものである。

3
探究的な学習の指導のポイント

第8章　総合的な学習の時間の評価

第1節　学習評価の充実

　学習評価は，学校における教育活動について，児童の学習状況を評価するものである。「児童にどのような力が身に付いたか」という学習の成果を的確に捉えた上で，教師が指導の改善を図るとともに，児童が自らの学びを振り返って次の学びに向かうことができるようにすることが求められる。そのためには，学習評価の在り方が極めて重要であり，教育課程や学習・指導方法の改善と一貫性をもった形で改善を進めることが求められる。

　総合的な学習の時間の評価については，この時間の趣旨，ねらい等の特質が生かされるよう，教科のように数値的に評価することはせず，活動や学習の過程，報告書や作品，発表や討論などに見られる学習の状況や成果などについて，児童のよい点，学習に対する意欲や態度，進歩の状況などを踏まえて適切に評価することとし，例えば指導要録の記載においては，評定は行わず，所見等を記述することとしてきた。

　第1章総則の第3の2においては，「学習評価の実施に当たっては，次の事項に配慮するものとする。児童のよい点や進歩の状況などを積極的に評価し，学習したことの意義や価値を実感できるようにすること。また，各教科等の目標の実現に向けた学習状況を把握する観点から，単元や題材など内容や時間のまとまりを見通しながら評価の場面や方法を工夫して，学習の過程や成果を評価し，指導の改善や学習意欲の向上を図り，資質・能力の育成に生かすようにすること。創意工夫の中で学習評価の妥当性や信頼性が高められるよう，組織的かつ計画的な取組を推進するとともに，学年や学校段階を越えて児童の学習の成果が円滑に接続されるように工夫すること。」と示された。

　また，第5章総合的な学習の時間の第3の1の(2)においては，「学校における全教育活動との関連の下に，目標及び内容，学習活動，指導方法や指導体制，学習の評価の計画などを示すこと。」と示されている。

　総合的な学習の時間における児童の学習評価については，総合的な学習の時間の特質を踏まえた上で，教師や学校が創意工夫の中で学習評価の妥当性や信頼性が高められるよう，組織的かつ計画的な取組を推進するとともに，学年や学校段階を越えて児童の学習の成果が円滑に接続されるように工夫することが重要である。

第2節　児童の学習状況の評価

　児童の学習状況を評価することで，児童一人一人が，どのように成長しているか，資質・能力が確かに育成されているかどうかを捉えていくことになる。加えて，教師が児童のよい点や進歩の状況などを積極的に評価することにより，児童自身が学習したことの意義や価値を実感できるようにすることも肝要である。

●1　「目標に準拠した評価」に向けた評価の観点の在り方

　総合的な学習の時間の評価については，各学校が自ら設定した観点の趣旨を明らかにした上で，それらの観点のうち，児童の学習状況に顕著な事項がある場合などにその特徴を記入する等，児童にどのような資質・能力が身に付いたかを文章で記述することとしている。

　今回の改訂においても，学習指導要領が定める目標（第1の目標）を踏まえて各学校が目標や内容を設定するという総合的な学習の時間の特質から考えると，各学校が観点を設定するという枠組みは維持する必要がある。学習指導要領に示された総合的な学習の時間の目標（第1の目標）を踏まえ，各学校の目標，内容に基づいて定めた観点による観点別学習状況の評価を基本とすることが考えられる。

　各学校においては，第1の目標を踏まえ，各学校が総合的な学習の時間の目標を定める。この目標を実現するにふさわしい探究課題と探究課題の解決を通して育成を目指す具体的な資質・能力を示した内容が設定される。この目標と内容に基づいた観点を，各学校において設定することが考えられる。

　ここでは，特に，探究課題の解決を通して育成を目指す具体的な資質・能力について，第5章第2の3の(6)において，

　　ア　知識及び技能については，他教科等及び総合的な学習の時間で習得する知識及び技能が相互に関連付けられ，社会の中で生きて働くものとして形成されるようにすること。

　　イ　思考力，判断力，表現力等については，課題の設定，情報の収集，整理・分析，まとめ・表現などの探究的な学習の過程において発揮され，未知の状況において活用できるものとして身に付けられるようにすること。

　　ウ　学びに向かう力・人間性等については，自分自身に関すること及び他者や社会との関わりに関することの両方の視点を踏まえること。

とされていることに配慮することが大切である。

●2　評価規準の設定と評価方法の工夫改善

　総合的な学習の時間における児童の学習状況の評価に当たっては，これまでと同様に，ペーパーテストなどの評価の方法によって数値的に評価することは，適当ではない。

　具体的な評価については，各学校が設定する評価規準を学習活動における具体的な児童の姿として描き出し，期待する資質・能力が発揮されているかどうかを把握することが考えられる。その際には，具体的な児童の姿を見取るに相応しい評価規準を設定し，評価方法や評価場面を適切に位置付けることが欠かせない。特に，総合的な学習の時間においては，年間や単元など内容や時間のまとまりを見通しながら評価場面や評価方法を工夫し，指導の改善や児童の学習意欲の向上を図り，資質・能力の育成に生かすようにすることが重要である。

　評価規準を設定する際の基本的な考え方や作業手順は以下のように考えることができる。

　まず，各学校の全体計画や単元計画を基に，単元で実現が期待される育成を目指す資質・能力を設定する。本解説第2章で説明したように，総合的な学習の時間の目標や内容について各学校が設定する際には，年間や単元を通してどのような資質・能力を育成することを目指すかを設定することとしている。このため，評価規準については，年間や単元を通して育成したい資質・能力をそのまま当てはめることができる。そして，各観点に即して実現が期待される児童の姿が，特に実際の探究的な学習の場面を想起しながら，単元のどの場面のどのような学習活動において，どのような姿として実現されるかをイメージする。

　総合的な学習の時間における児童の具体的な学習状況の評価の方法については，信頼される評価の方法であること，多面的な評価の方法であること，学習状況の過程を評価する方法であること，の三つが重要である。

　第1に，信頼される評価とするためには，教師の適切な判断に基づいた評価が必要であり，著しく異なったり偏ったりすることなく，およそどの教師も同じように判断できる評価が求められる。例えば，あらかじめ指導する教師間において，評価の観点や評価規準を確認しておき，これに基づいて児童の学習状況を評価することなどが考えられる。この場合には，各学校において定められた評価の観点を，1単位時間で全て評価しようとするのではなく，年間や，単元などの内容のまとまりを通して，一定程度の時間数の中において評価を行うように心がける必要がある。

　第2に，児童の成長を多面的に捉えるために，多様な評価方法や評価者による評価を適切に組み合わせることが重要である。多様な評価の方法としては，例え

**第8章
総合的な学
習の時間の
評価**

ば次のようなものが考えられる。いずれの方法も，児童が総合的な学習の時間を通して資質・能力を育てることができているかどうかを見ることが目的である。成果物の出来映えをそのまま総合的な学習の時間の評価とすることは適切ではなく，その成果物から，児童がどのように探究の過程を通して学んだかを見取ることが大事である。

- 　発表やプレゼンテーションなどの表現による評価
- 　話合い，学習や活動の状況などの観察による評価
- 　レポート，ワークシート，ノート，絵などの制作物による評価
- 　学習活動の過程や成果などの記録や作品を計画的に集積したポートフォリオを活用した評価
- 　評価カードや学習記録などによる児童の自己評価や相互評価
- 　教師や地域の人々等による他者評価　　など

　第3に，学習状況の結果だけではなく過程を評価するためには，評価を学習活動の終末だけではなく，事前や途中に適切に位置付けて実施することが大切である。学習活動前の児童の実態の把握，学習活動中の児童の学習状況の把握と改善，学習活動終末の児童の学習状況の把握と改善という，各過程に計画的に位置付けられることが重要である。また，全ての過程を通して，児童の実態や学習状況を把握したことを基に，適切な指導に役立てることが大切である。

　なお，総合的な学習の時間では，児童に個人として育まれるよい点や進歩の状況などを積極的に評価することや，それを通して児童自身も自分のよい点や進歩の状況に気付くようにすることも大切である。グループとしての学習成果に着目するのではなく，一人一人の学びや成長の様子を捉える必要がある。そうした評価を行うためには，一人一人が学習を振り返る機会を適切に設けることが重要である。

　今後は，教師一人一人が，児童の学習状況を的確に捉えることが求められる。そのためには，評価の解釈や方法等を統一するとともに，評価規準や評価資料を検討して妥当性を高めること（モデレーション）などにより，学習評価に関する力量形成のための研修等を行っていくことも考えられる。

2
児童の学習
状況の評価

第3節　教育課程の評価

●1　カリキュラム・マネジメントの視点からの評価

　教育課程を編成，実施したものを，評価し，改善していくことは，これまでも重要であったが，今回の改訂において，カリキュラム・マネジメントを重視することを一層明確にしたことを受け，教育課程の評価を一層充実していくことが必要である。

　第1章総則の第1の4において，カリキュラム・マネジメントについては以下の三つの側面が示されている。今後の「社会に開かれた教育課程」の実現を通じて児童に必要な資質・能力を育成するという，新しい学習指導要領等の理念を踏まえれば，総合的な学習の時間についても，これらの側面に留意しながら着目して教育課程を評価することが考えられる。

　ⅰ）児童や学校，地域の実態を適切に把握し，教育の目的や目標の実現に必要な教育の内容等を教科等横断的な視点で組み立てていくこと。

　ⅱ）教育課程の実施状況を評価してその改善を図っていくこと。

　ⅲ）教育課程の実施に必要な人的又は物的な体制を確保するとともにその改善を図っていくこと。

　カリキュラム・マネジメントについては，校長を中心としつつ，教科や学年を越えて，学校全体で取り組んでいくことができるよう，学校の組織や経営の見直しを図る必要がある。そのためには，管理職のみならず全ての教職員がカリキュラム・マネジメントの必要性を理解し，日々の授業等についても，教育課程全体の中での位置付けを意識しながら取り組む必要がある。また，学習指導要領等の趣旨や枠組みを生かしながら，各学校の地域の実状や児童の姿と指導内容を見比べ，関連付けながら，効果的な年間指導計画等の在り方や，授業時間や週時程の在り方等について，校内研修等を通じて研究を重ねていくことも重要である。

　このような教育課程の評価は，同僚教師間での情報交換や，全校体制での組織的な取組を進めることが重要である。また，実際に授業を公開し，総合的な学習の時間で探究的に学ぶ児童の様子を直に見てもらうことで理解を広げることも大切にしたい。さらに，個人情報に配慮した上で，ウェブページや学校通信などを活用するなどして公開したり，保護者や地域住民等に直接説明したりすることなども考えられる。このような保護者や外部への公開や説明は，総合的な学習の時間への理解を促進させ，その後の総合的な学習の時間の充実のために協力してもらうことにもつながる。

第9章　総合的な学習の時間を充実させるための体制づくり

本章では，総合的な学習の時間を充実させるための体制づくりについて解説する。第1節では，各学校で取り組むべき体制整備の基本的な考え方について四つの視点から述べる。第2節では校内組織の整備について，第3節では授業時数の確保と弾力的な運用について，第4節では環境整備について，さらに，第5節では外部との連携の構築について，具体例を交えて解説する。

第1節　体制整備の基本的な考え方

総合的な学習の時間においては，各学校で指導計画を適切に作成しなければならない。しかし，それだけで充実した総合的な学習の時間を実現することは難しい。適切な計画を確実に実施していくための校内の体制の整備が欠かせない。質の高い豊かな学習活動を実施するためにも，校長は，以下に記した四つを視野に入れた校内の体制づくりに十分配慮しなければならない。

一つ目は，校内の教職員が一体となり協力できる体制をつくるなど校内組織の整備についてである。総合的な学習の時間では，児童の様々な興味・関心や多様な学習活動に応えるために，グループ学習や異年齢集団による学習をはじめ多様な学習形態の工夫を積極的に図る必要がある。また，それぞれの教職員の特性や専門性を生かすことが，総合的な学習の時間の特色を生み出し，一層の充実にもつながる。まず，校内の全ての教職員が協力して取り組む体制を整備することが重要である。

二つ目は，確実かつ柔軟な実施のための授業時数の確保と弾力的な運用についてである。総合的な学習の時間については，授業時数を確保するとともに，状況に応じた柔軟な対応が求められる。授業時数を適切に運用することが総合的な学習の時間の充実には欠かせない。

三つ目は，多様な学習活動に対応するための空間，時間，人などの学習環境の整備についてである。総合的な学習の時間の特徴は，体験活動を行うことである。そのことは必然的に，様々な場所での学習活動や多様な学習活動を行うことにつながる。充実した総合的な学習の時間を実現するためには，空間，時間，人などの学習環境を整えることが重要となる。

四つ目は，学校が家庭や地域と連携・協働しながら取り組む外部連携の構築についてである。教職員と学校外の人々が力を発揮し合い，「チームとしての学校」の取組も期待されている。地域の特色を生かしたり，一人一人の児童の興

味・関心に応じたりして学習活動を展開していくには，学校が保護者をはじめ地域の人々，専門家などの教育力を活用することが欠かせない。地域や社会に存在する多様で幅広い教育力を活用することが，総合的な学習の時間の充実を実現する。

第9章
総合的な学習の時間を充実させるための体制づくり

第2節　校内組織の整備

●1　校長のリーダーシップ

　各学校においては，育成を目指す資質・能力を明らかにし，教科等横断的な視点をもって教育課程の編成と実施を行うとともに，地域の人的・物的資源を活用するなどして実社会・実生活と児童が関わることを通じ，変化の激しい社会を生きるために必要な資質・能力を育むことが求められている。校長は，資質・能力の育成に向けて，児童が実社会・実生活と接点をもちつつ，多様な人々とつながりをもちながら学ぶことのできる教育課程の編成と実施を行わなければならない。

　総合的な学習の時間は，児童が実社会・実生活に向き合い関わり合うことを通じて，自らの人生を切り拓いていくために必要な資質・能力を育成し，人生や社会をよりよく変えていくことに向かう他の教科等にはない特質を有する。校長は，各学校において総合的な学習の時間の目標及び内容，学習活動等について決定していかなければならないことから，その教育的意義や教育課程における位置付けなどを踏まえながら，自分の学校のビジョンを全教職員に説明するとともに，その実践意欲を高め，実施に向けて校内組織を整えていかなければならない。そして，全教職員が互いに連携を密にして，総合的な学習の時間の全体計画及び年間指導計画等を作成し，実施していく必要がある。

　さらに，教師が互いに知恵を出し合ったり，実践上の悩みや課題について気軽に相談し合ったりできる体制づくりや雰囲気づくりも，校長をはじめとする管理職の務めである。

　加えて，総合的な学習の時間では，探究的な学習の広がりや深まりを促すために，校外の様々な人や施設，団体等からの支援が欠かせない。また，家庭の理解と協力も必要である。「社会に開かれた教育課程」の理念の下，校長はリーダーシップを発揮し，自分の学校の総合的な学習の時間の目標や内容，実施状況について発表する場と機会を定期的に設けたり，学校だよりやホームページ等により積極的に外部に情報発信したりするなどして，広く理解と協力を求めることが大切である。また，地域との連携に当たっては，コミュニティ・スクールの枠組みの積極的な活用や，地域学校協働本部との連携を図ることが望まれるとともに，学習に必要な施設・設備，予算面については，教育委員会等からの支援が欠かせないことは言うまでもない。

　また，学校種間の「縦」のつながりという点からも，総合的な学習の時間の果たすべき役割と期待が大きいことを踏まえ，小・中学校間で総合的な学習の時間

の目標や内容，指導方法等について関連性や発展性が確保されるよう連携を深めることが大切である。例えば，中学校区単位で総合的な学習の時間の実施に関わる協議会を組織し，合同研修や情報交換，指導計画作成等を行って連携を深めることも有効である。同一中学校区内の小学校と中学校とが協議して，連携の目的や内容，方法を盛り込んだ推進計画を示したり，総合的な学習の時間の支援者に参加協力を求めたりするなど，校長の率先した働きかけが欠かせない。

●2　校内推進体制の整備

　各学校の教育目標の実現に当たっては総合的な学習の時間が重要な役割を果たすことを全教職員で理解することが欠かせない。その上で，校長の方針に基づき，総合的な学習の時間の目標が達成できるように，全教職員が協力して全体計画及び各学年の年間指導計画，単元計画などを作成し，互いの専門性や特性を発揮し合って実践していく校内推進体制を整える必要がある。校内推進体制の整備に当たっては，全教職員が目標を共有しながら校務分掌に基づいて適切に役割を分担するとともに，教職員間及び校外の支援者とのコミュニケーションを密にすることが肝要である。

　本項では，児童に対する指導体制と実践を支える運営体制の二つの観点から，総合的な学習の時間の校内推進体制の在り方について述べる。

(1)　児童に対する指導体制

　総合的な学習の時間の授業は，学級担任が中心的な指導者となって進められることが多い。日頃，学級担任は各教科等の授業を通して児童をよく理解しており，児童の実態を生かしたり各教科等との関連を図ったりして創意あふれる実践を行うことができる立場にある。

　一方，総合的な学習の時間では，探究的な学習の幅が広がったり学習活動が多様化したりすることや，児童の追究が次々と深化したりすることは，当然起こり得る。その結果として，学級担任一人だけでは対応できない状況も出てくる。このような場合には，ティーム・ティーチングで指導する体制を整えたり，学級枠を外して指導を分担したりする工夫も必要となる。また，学習内容によっては，専科の教師や養護教諭，栄養教諭，司書教諭等の専門性を生かした学校全体の指導体制が必要になる。

　このような複数の教職員による指導を可能にするためには，時間割の工夫のほか，全教職員が自分の学級や学年だけでなく，他の学級や学年の総合的な学習の時間の実施の様子を十分把握しておくことが大切である。その意味で，学級担任

は，総合的な学習の時間の実施の様子を様々な形で公開する必要がある。例えば，日常の授業の公開のほか，児童の学習活動の様子を廊下に掲示したり，学級だよりや学年だよりの記事にしたりすること，最終場面の発表会はもちろん中間発表会を公開することなども考えられる。また，全教職員で実践の状況を紹介し合い，互いに学び合うことを目的としたワークショップ型の研修を行うことなども，学校全体の実施状況の理解を深めると同時に，教職員の協働性を高めることにつながる。

(2) 実践を支える運営体制

学校は組織体として運営されており，教師や校内組織がそれぞれに連携して教育活動を営んでいる。特に総合的な学習の時間では，探究的な学習の広がりや深まりによって，複数の教師による指導や校外の支援者との協力的な指導が必要になる。そのため，指導方法や指導内容などをめぐって，指導する教師が気軽に相談できる仕組みを職員組織に位置付けておくことも大切になる。さらに，指導に必要な施設・設備の調整や予算の配分や執行の役割も校内に必要である。このように，総合的な学習の時間においては，校内に，指導に当たる教師を支える運営体制を整える必要がある。

そこで，校長は自分の学校の実態に応じて既存の組織を生かすとともに，新たな発想で運営のための組織を整備し，児童の学習活動を学校全体で支える仕組みを校内に整える必要がある。その際，次に示す職員分担や組織運営が参考になる。

① 総合的な学習の時間の実践を支える校内分担例

総合的な学習の時間の円滑な運営のために，既存の校務分掌組織を生かす観点から，次のような役割分担が考えられる。

- ○ 副校長，教頭：運営体制の整備，外部との日常的な連携・協力体制の構築
- ○ 教務主任：各種計画の作成と評価，時間割の調整
- ○ 研修担当：研修計画の立案，校内研究の実施
- ○ 学年主任：学年内の連絡・調整，研修，相談
- ○ 総合的な学習の時間推進担当（コーディネーター）：総合的な学習の時間の充実に向けた方策の企画・運営，研修計画の立案，教師への指導・支援
- ○ 図書館担当：必要な図書の整備，児童及び教師の図書館活用支援
- ○ 地域連携担当：校外の支援者，支援団体との渉外
- ○ 機器担当：情報機器等の整備及び配当
- ○ 安全担当：学習活動時の安全確保
- ○ 養護教諭：学習活動時の健康管理，健康教育に関わること

2
校内組織の
整備

○　栄養教諭：食育に関わること

○　事務担当：予算の管理及び執行　など

②　校内推進委員会

総合的な学習の時間の全体計画等の作成や評価，各分担及び学年間の連絡・調整，実践上の課題解決や改善等を図るため，関係教職員で組織するものが，校内における推進委員会である。

構成については学校の実態によって様々なものが考えられるが，例えば，副校長や教頭，教務主任，研修担当，総合的な学習の時間コーディネーター，道徳教育担当，特別活動担当，学年主任などが挙げられる。協議内容によっては，養護教諭，栄養教諭，図書館司書，情報教育担当，国際理解教育担当などを加える場合もあろう。

推進委員会では，これらの関係教職員の共通理解や連携強化のために連絡・調整を図るとともに，全体計画をはじめとする各種計画の作成・運用・評価についての協議，校外の支援者との連携のためにコーディネート役の機能をもたせることも有効である。

なお，全ての教職員が協力して力を発揮するためには，校長のビジョンとリーダーシップの下，各教科等をつないでカリキュラムをデザインし，マネジメントのできるミドルリーダー的な教員がコーディネーター役を果たすことが望まれる。こうした教員が教育活動全体を俯瞰し，学校全体のために動くことができるよう，校務全体の効率化や適切な分担等を行うことが求められる。

③　学年部会

総合的な学習の時間では，学級や学年ごとに年間指導計画や単元計画等を作成したり，実施したりする学校が多い。異学年間合同で学習活動を行う場合も，学級担任や学年の担当者を窓口に教師間の連携が図られることが多い。このことから，学年部会は，総合的な学習の時間を運営する上で重要な役割をもつといえる。

学年部会は，学級間の連絡・調整のみならず，指導計画の改善や実践に伴って次々と生まれる諸課題の解決や効果的な指導方法等について学び合うなど，研修の場としても大切な役割が期待される。時には，学年部の教師が共に地域を歩き，教材化できる素材の収集を行ったり，地域の人の思いや願いを把握したりすることは，地域に根ざした魅力ある授業を創造する上で有効である。また，総合的な学習の時間の充実のためには，学年部会において実施した研修や授業の成果を蓄積し，次年度の学年部会の取組に役立てることも必要である。

なお，学年部会では，実践上の悩みや疑問が率直に出され，互いに自由な雰囲気で話し合えるよう配慮することが大切である。そのことが，教師同士の協働性

を高め，総合的な学習の時間の日常的な改善を容易にしていく。小規模校では，例えば第3・4学年部会と第5・6学年部会を構成したり，場合によっては第3～6学年合同部会を構成したりして，実践交流や情報交換等を行うなどの工夫によって，協働性や協力体制を向上させることができる。

●3　教職員の研修

　総合的な学習の時間を充実させ，その目標を達成する鍵を握るのは，指導する教師の指導計画の作成と運用の能力，そして，授業での指導力や評価力などである。さらに，地域や学校，児童の実態に応じて特色ある学習活動を生み出していく構想力も必要となる。また，総合的な学習の時間は，教師がチームを組んで指導に当たることによって，児童の多様な学習活動に対応できることから，教職員全体の指導力向上を図る必要もある。

　加えて，各学校の教育目標の実現や目指す資質・能力の育成について教科等横断的な視点からカリキュラムをデザインする力も求められている。今後，各学校の校内研修においては，校長のリーダーシップの下，学習指導の改善のみならず，教育課程全体を俯瞰して捉え，教育課程の改善を図ることをねらいとした総合的な学習の時間の研修を積極的に取り入れることが必要である。したがって，年間の職員研修計画の中に，総合的な学習の時間のための校内研修を確実に位置付け実施することが極めて重要になる。特に，今回の改訂により，総合的な学習の時間の目標や内容は，各学校の教育目標を踏まえて設定されることとされ，教科等横断的なカリキュラム・マネジメントの軸となることが明らかとなったことからも，学校全体で行う研修に位置付ける意義がある。

　校内研修のねらいや内容は，各学校の職員構成や実践上の課題等に応じて適切に定めていくべきものである。学習指導要領及び本解説書をはじめとして，文部科学省が提供する指導資料などを参考に，総合的な学習の時間の趣旨や内容等についての理解を教職員全体で確かにすることに加え，次の例を参考に，実践を進める教師の必要感を生かした校内研修計画を立てることが大切である。

　　○　総合的な学習の時間の目標及び内容，育成を目指す資質・能力について
　　○　総合的な学習の時間の教育課程における位置付けや各教科，道徳科，外国語活動，特別活動との関連について
　　○　全体計画，年間指導計画，単元計画の作成及び評価について
　　○　教材開発の在り方や地域素材の生かし方，外部との連携について
　　○　学習活動時の安全確保について
　　○　総合的な学習の時間のためのICTの活用について　　など

なお，校内研修は全教師が一堂に会して実施する場合もあるが，学年単位や課題別グループ単位等の少人数で，実践上の課題に応じて弾力的に，そして継続的に実施していくことも必要である。また，研修方法については，次の例を参考に，各学校の実態や研修のねらいに応じて工夫すべきである。

○　校内での研修例
- グループ研修：指導計画作成や教材作りの演習，テーマに基づくワークショップ　など
- 全体研修：視察報告会，講師を招いての講義　など

○　校外での研修例
- 実地体験研修：児童の体験活動の臨地研修とその評価　など
- 教材収集研修：地域における教育資源となるものの観察や調査　など

授業研究では，児童の学習に取り組む姿を通して教師の指導について評価し，指導力の向上を図ることが必要である。また，総合的な学習の時間の授業を公開し，互いに学び合えるようにしておくことも大切である。

さらに，総合的な学習の時間の全体計画，年間指導計画，単元計画，実践記録，児童の作品や作文等の写し，映像記録，参考文献等を整理・保存し，いつでも活用できるようにしておくことも，研修の推進にとって有効である。このようにして取り組む校内研修は，教師間の協働性を高める上でも重要である。

一方，校長は校外で行われる研修会や研究会に積極的に職員を派遣し，その成果を各学校の実践に役立てることが大切である。また，近隣の学校同士で実践交流を行い，互いに学び合う機会を設けることも，実践力の向上に役立つ。

なお，中央教育審議会答申では，総合的な学習の時間の学習・指導の改善充実や教育環境の充実等における必要な条件整備の一つとして，「各学校において，全ての教職員が協力して力を発揮するため，校長のビジョンとリーダーシップの下，各学校が育成しようとする子供の姿から必要な資質・能力を明らかにし，各教科等をつないでカリキュラム・デザインができるミドルリーダー的な教員が育つことが期待される。」ことを挙げている。教育委員会等は，所管の教職員の研修効果が一層上がるよう，十分な情報提供をしたり研修会を開催したりすることが望まれる。

第9章
総合的な学習の時間を充実させるための体制づくり

第3節　年間授業時数の確保と弾力的な授業時数の運用

●1　年間授業時数の確保

　第1章総則の第2の3においては，「各教科等のそれぞれの授業の1単位時間は，各学校において，各教科等の年間授業時数を確保しつつ，児童の発達の段階及び各教科等や学習活動の特質を考慮して適切に定めること。」としている。

　総則でいう「年間授業時数を確保しつつ」という意味は，あくまでも授業時数の1単位時間を45分として計算した学校教育法施行規則第51条の別表第1に定める授業時数を確保するという意味であることに留意する必要がある。すなわち，年間授業時数は総合的な学習の時間の目標及び内容，育成を目指す資質・能力を指導するのに実質的に必要な時間であり，年間70単位時間を確保することは前提条件として考慮されなければならないということである。

　なお，総合的な学習の時間では，特に，1単位時間や年間を見通した授業時間の弾力的な運用が必要となる。したがって，授業時数の確保が行われているかどうかを確認することが一層重要となる。そのためにも，年間指導計画に授業時数を明確に示すとともに，児童の時間割に総合的な学習の時間を位置付けることが欠かせない。また，各学校においては，総合的な学習の時間の授業時数を適切に配当した教育課程を編成するだけでなく，その実施に当たっても，週単位，月単位，学期単位などに応じて授業時数の管理を行うなど，その状況等について自ら点検及び評価を行い，改善に努める必要がある。

●2　弾力的な単位時間・授業時数の運用

　総合的な学習の時間では，体験活動が重視され学習活動が多様に展開される。また，地域の特色などを生かした学習活動が行われる。児童の学習活動は校外に出てダイナミックに行われたり，地域の行事や季節の変化に応じて集中的に行われたりする。したがって，1単位時間を45分で実施する場合もあれば，60分などに設定する場合もある。また，毎週定期的に繰り返される時期もあれば，ある時期に集中的に実施することなどもある。本項では，1単位時間の弾力化と年間の授業時数の配当の2点について述べる。

(1) 授業時間の弾力化

　各教科等の授業の1単位時間は，各学年及び各教科等の年間授業時数を確保しつつ，児童の発達の段階及び各教科等や学習活動の特質を考慮して，各学校にお

いて定めることとしている。児童の学習についての集中力や持続力，指導内容のまとまり，学習活動等を考慮して決定することが大切である。

総合的な学習の時間においては，探究的な学習を基本とするという学習活動の特質を踏まえ，目標及び内容を考慮して教育効果を高める観点に立って，例えば，実験や観察，調査といった学習活動や，外部から講師を招いた学習を行う場合などにおいては60分や90分で授業を行うなど，学習活動によっては授業時間を柔軟に変えた方が効果的な場合もあることに考慮すべきである。特に，総合的な学習の時間においては，45分にこだわらず，授業時間を弾力的に扱う柔軟な運用が求められる。

(2) 年間の授業時数の配当

第1章総則の第2の3には，「各教科等の授業は，年間35週（第1学年については34週）以上にわたって行うよう計画し，週当たりの授業時数が児童の負担過重にならないようにするものとする。ただし，各教科等や学習活動の特質に応じ効果的な場合には，夏季，冬季，学年末等の休業日の期間に授業日を設定する場合を含め，これらの授業を特定の期間に行うことができる。」としている。各学校においてはこの規定を踏まえ，各教科等の授業時数を35週にわたって平均的に配当するほか，児童の実態や教科等の特性を考慮して週当たりの授業時数の配当に工夫を加えることも考えられる。各教科等や学習活動の特質に応じた効果的な場合には，夏季，冬季，学年末等の休業日の期間に授業日を設定する場合を含め，これらの授業を特定の期間に行うことができることを示している。これは，教科等や学習活動によっては，特定の期間に集中して行った方が効果的な場合もあることを考慮したものである。各学校においては，地域や学校，児童の実態，各教科等や学習活動の特質に応じた時間割や教育課程の編成に配慮することを通じて指導方法の工夫や地域の人々の協力や外部の人材の活用などを一層促進することが可能となると考える。

例えば，総合的な学習の時間では，現地での調査や現場に出かけての見学，地域の人へのインタビューなどを実施するのにふさわしい時期があり，そうした時期に集中的に学習活動が行われることが考えられる。また，自然体験活動なども一定の期間に集中して実施することで学習の成果が上がることが考えられる。さらには，学習活動の成果発表会なども同様である。

なお，時間割の編成に当たっては，上述したように各教科等の年間授業時数を確保すること，適切な計画の下に実施することなどに留意する必要がある。

●3　授業時数に関する留意点

　総合的な学習の時間の授業時数を確実に確保し，しかも柔軟に運用していくには次のようなことに留意する必要がある。

(1)　年間指導計画及び単元計画における授業時数の配当

　単元において，どの活動に何時間の授業時数が必要なのかを算出し，年間指導計画及び単元計画に授業時数を適正に配当しておくことが第一に必要である。

　その際，地域の行事や学校内のイベント，季節や植生の変化などに目を向け，授業時数の配当に工夫を加えることも考えられる。

(2)　週単位の適切な実施計画と管理

　単元計画を各週の計画に位置付ける。この計画は，基本的には時間割を踏まえることになるが，時期に応じて，学習活動に応じて柔軟に対応することになる。まずは，計画を立て，必要な授業時数を割り当てるとともに，実際の実施した時数を積算しながら，適切な授業時数の運用になっているかを管理していかなければならない。

(3)　学期ごとの実績の適切な管理

　授業時数の管理については，実施しながら日常的に適切かどうかを見直していくものの，学期末などの大きな節目に実施時数を積算し，学習活動の進展の状況と照らし合わせることが必要となる。そのことにより，その後の学習活動の展開が変わることもあるからである。

　体験活動を重視する総合的な学習の時間は，ややもすると授業時数が不必要に増大していくことがある。短期的かつ長期的な見通しをもった計画作りと適切な時数管理，それらを通した学習活動の見直しが必要である。

3
年間授業時数の
確保と弾力的な
授業時数の運用

第4節　環境整備

　総合的な学習の時間に児童が意欲的に取り組み，そこでの学習を深めていくには，学習環境が適切に整えられていなければならない。総合的な学習の時間では，多様な学習活動が行われるため，児童の資質・能力が十分に発揮されるような学習環境を整えなければならない。そこで，本節では，学校全体で整備しておかなければならない施設・設備等の物的な環境整備の在り方，及び教室内の学習環境の整備について要点を述べる。

●1　学習空間の確保

　総合的な学習の時間では，探究的な学習の過程で，学級内はもちろん，学年内，さらには異学年間での学習活動などが展開されることがある。また，ものづくりや発表のための準備など，多様な学習活動が行われる。

　こうした学習活動を行う際，教室以外にも学習活動を行うスペースが確保されていると，スムーズに展開しやすい。例えば，多目的スペースなどにミーティングテーブルを設置したり移動黒板を用意したりするなど，多様な学習形態に対応できる空間を確保する工夫が考えられる。校内に余裕教室がある場合などは，学習目的に応じて有効に活用することが望まれる。

　このような学習スペースには，総合的な学習の時間の学習活動の流れ図や活動の記録写真などを展示したり児童の作品を展示したりして，学習への関心や意欲を高めることができる。また，総合的な学習の時間に活用する教材や資料，実物や模型などを展示し，いつでも児童が活用できるように用意しておくこと，児童の学習活動に必要な道具や材料などを常備しておくことなども考えられる。

●2　教室内の学習環境の整備

　教室内には，総合的な学習の時間の学習活動の経過や写真などを掲示したり，総合的な学習の時間の学習履歴や成果を展示したりすることが考えられる。そうすることで，実際に行ってきた学習活動の一つ一つが共有され，総合的な学習の時間での取組への関心が高まる。このことは，学習への関心や意欲を高めるだけではなく，学習を対象化して振り返り，自らの学びを意味付けたり価値付けたりして，次への学びへと向かうことにもつながる。

　また，学習履歴をポートフォリオとして蓄積したファイルや関係する書籍や資料などを活用しやすいように配置することも大切である。テレビモニターやプロ

ジェクターなどで拡大して資料を確認したり，コンピュータを使って情報を収集したりすることができるような学習環境を構成することも考えられる。教室内の学習環境については，児童の探究的な学びが促進される学びの場となるよう整備することが大切である。

●3　学校図書館の整備

　学習の中で疑問が生じたとき，身近なところで必要な情報を収集し活用できる環境を整えておくことは，探究的な学習に主体的に取り組んだり，学習意欲を高めたりする上で大切な条件であり，その意味からも学校図書館は，児童の想像力を培い，学習に対する興味・関心等を呼び起こし，豊かな心や人間性，教養，創造力等を育む自由な読書活動や読書指導の場である「読書センター」や児童の自発的・主体的・協働的な学習活動を支援したり，授業の内容を豊かにしてその理解を深めたりする「学習センター」，さらには，児童や教職員の情報ニーズに対応したり，児童の情報の収集・選択・活用能力を育成したりする「情報センター」としての機能を担う中核的な施設である。

　そのため，学校図書館には，総合的な学習の時間で取り上げるテーマや児童の追究する課題に対応して，関係図書を豊富に整備する必要がある。学校図書館だけでは蔵書に限りがあるため，自治体の中には，公立図書館が便宜を図り，学校での学習状況に応じた図書の拡充を行っているところや，学校が求める図書を定期的に配送するシステムを採っているところもある。地域と一体となって学習・情報センターとしての機能を高めたい。

　学校図書館では，児童が必要な図書を見付けやすいように日頃から図書を整理したり，コンピュータで蔵書管理したりすることも有効である。図書館担当は，学校図書館の物的環境の整備を担うだけでなく，参考図書の活用に関わって児童の相談に乗ったり必要な情報提供をしたりするなど，児童の学習を支援する上での重要な役割が期待される。教師は全体計画及び年間指導計画に学校図書館の活用を位置付け，授業で活用する際にも図書館担当と十分打合せを行っておく必要がある。加えて，こうした学校図書館の環境を，児童が自ら活用できるようにしたい。そのためには，どこに行けばどのような資料が入手できるのか，どのような観点から必要な情報を探すのかといったことができるようになる必要がある。このことは，国語科における読書指導や特別活動における主体的な学習態度の形成と学校図書館の活用に係る指導と緊密に関連付け，成果を上げていく工夫も大切である。

　一方，総合的な学習の時間において児童が作成した発表資料や作文集などを，

4
環境整備

学校図書館等で蓄積し閲覧できるようにしておくことも，児童が学習の見通しをもつ上で参考になるだけでなく，優れた実践を学校のよき伝統や校風の一つにしていく上で有効である。

●4　情報環境の整備

　タブレット型端末を含むコンピュータをはじめとする情報機器は，その有効な活用によって，総合的な学習の時間における児童の情報検索や情報活用，情報発信の可能性を広げ，学習意欲や学習効果の向上に役立つ。

　コンピュータ等の情報機器が集中してコンピュータ室に配置されている場合には，コンピュータ室を有効に活用できるよう，適切に調整する必要がある。その際，例えば，2週間単位程度で利用希望調査を行って調整を図るなどして，できる限り児童の学習状況に応じる工夫もある。また，複数の学級が同時に使えるように，コンピュータ等を余裕教室等に分散配置する方法も考えられる。

　一方，コンピュータ室だけでなく，教室やオープンスペース等にインターネットへの接続環境を整えておくことで，児童が必要なときに直ちに調査活動に当たることができる。また，校内にサーバーを設置し，全てのコンピュータを接続することで，デジタルコンテンツを共有したり，児童が取材した写真やビデオなどを蓄積したりすることにつながる。

　学校によっては，コンピュータ室が日常的に利活用できない状況もあるが，児童が適切に利用できるよう指導した上で，コンピュータ室を昼休みや放課後等も開放し，児童が積極的に利用できるようにしておきたい。

　なお，情報環境の整備については，「児童を守る」という視点も重要である。様々な情報に接し，自らも生み出し，共有していくことが求められる社会の中で，安心・安全に情報の利活用を行うことができる情報セキュリティの確立や，情報モラルを含めた情報活用能力を身に付けていくことが必要である。

　さらに，児童による調査活動の記録のため，デジタルカメラやデジタルビデオカメラ，タブレット型端末やICレコーダーなどを整備しておく必要がある。発表活動を効果的に行うために，音声や映像の編集，プレゼンテーション等のソフトやプロジェクターなどを整備しておくことも望まれる。また，児童間の情報共有や協働的な学習を促すためには，複数の児童が同じ画面を見ながらそれぞれのアイデアを記入することができるようなツールや他の児童の考えにコメントを付けられるような仕組みを用いることも考えられる。ワープロや表計算だけでなく，アイデアを視覚的に表したり整理したりできるようなソフトも有効である。

　こうした機器等の物的条件整備のほか，校内研修や地域の教育センター等によ

第9章
総合的な学習の時間を充実させるための体制づくり

る研修を通して，教師のICT活用指導力を高めておくことが大切である。

　また，プログラミング教育の実施に当たっては，ICT環境の整備はもちろん，教員研修の充実や民間と連携した指導体制の確保などを行っていく必要がある。なお，学習活動を行うに当たっては，プログラミング的思考を育むことを目指し，プログラミングを体験することが探究的な学習の過程に適切に位置付くようにしなければならない。

4 環境整備

第5節　外部との連携の構築

●1　外部との連携の必要性

　総合的な学習の時間では，地域の素材や地域の学習環境を積極的に活用することが期待されている。それは，総合的な学習の時間では，実社会や実生活の事象や現代社会の課題を取り上げるからである。また，この時間では，多様で幅広い学習活動が行われることも期待されている。それは，児童一人一人の興味・関心に応じた学習活動を実現しようとするからである。

　このような学習を実現するためには，教員以外の専門スタッフも参画した「チームとしての学校」の実現を通じて，複雑化・多様化した課題の解決に取り組んだり，時間的・精神的な余裕を確保したりしていくことなどが重要である。そのためにも，外部の協力が欠かせない。具体的には，例えば，以下のような外部人材等との協力が考えられる。

- ・　保護者や地域の人々
- ・　専門家をはじめとした外部の人々
- ・　地域学校協働活動推進員等のコーディネーター
- ・　社会教育施設や社会教育関係団体等の関係者
- ・　社会教育主事をはじめとした教育委員会，首長部局等の行政関係者
- ・　企業や特定非営利活動法人等の関係者
- ・　他の学校や幼稚園等の関係者　　等

　特に，地域との連携に当たっては，よりよい社会を作るという目的の下，コミュニティ・スクールの枠組みの積極的活用や，地域学校協働本部との連携を図ることなどにより地域社会と共にある学校を実現することが期待されている。その際，地域の教育資源などを積極的に活用するとともに，育成を目指す資質・能力について共有し，必要な協力を求めることが重要である。

　このように，地域の素材や地域の学習環境を積極的に活用したり，児童が地域の一員として地域の人々と共に活動したりすることで，学校と地域との互恵性が生まれ，息長く継続的な外部連携を実現している事例として，次のような取組がある。

- ・　町づくりや地域活性化につながった活動や取組
- ・　児童が地域の伝統や文化を守り，受け継いだ活動や取組
- ・　地域の商店街の再生につながった活動や取組
- ・　災害に備えた安全な町づくりや防災に関わった活動や取組　　等

これらの取組は，学校を地域に開くことにもつながり，保護者や地域との信頼関係を築く大きな要因となると共に，学校を核として地域社会も活性化していく「次世代の学校・地域」を創生していくことにもつながる。

●2 外部連携のための留意点

外部連携に当たっては，校長や副校長，教頭，総合的な学習の時間コーディネーター等の担当者が中心となり，外部人材等と連絡・調整の機会を設定することが考えられる。その上で，一人一人の教師が個別に外部の教育資源を有効に活用することが大切である。その上で，外部の教育資源を有効に活用するためには，校内に外部連携を効率的・継続的に行うためのシステムが必要である。ここでは，外部連携のためのシステムや外部連携を適切に行うための配慮事項を記す。

(1) 日常的な関わり

協力的なシステムを構築するためには，日頃から外部人材などと適切に関わろうとする姿勢をもつことが大切である。例えば，地域活動に学校側から積極的に参画していくなどの関わり方が大切である。そのことによって信頼関係が築かれ，互いに協力できる態勢ができあがる。このことが，外部連携の基盤となっていく。

(2) 担当者や組織の設置

コミュニティ・スクール（学校運営協議会制度）の活用や地域学校協働活動との連携は，今後一層求められるようになる。外部人材などと連携し，外部の教育資源を適切に活用するためには，校務分掌上に地域連携部などを設置したり，外部と連携するための窓口となる担当者を置いたりすることなどが必要である。その上で，地域との連絡協議会などの組織を設置することも考えられる。また，学校を支えてくれる地域の有識者との協議の場を設ける必要もある。そのためにも，副校長や教頭，教務主任などが地域連携の中心を担うだけでなく，地域連携の中核を担う教師を校内組織に位置付けることも考えられる。

(3) 教育資源のリスト

学校外の教育資源を活用することに関しては，これまでに培ってきた地域の教育資源の活用のノウハウを生かして，総合的な学習の時間に協力可能な人材や施設などに関するリストを作成することが考えられる。そのデータを，校内で共有化し，手軽に，日常的に活用できるように整備しておくことも考えられる。こう

5
外部との連携の構築

したリストを生かして，指導計画などを作成したり，具体的な学習活動を充実させたりしていくことが大切である。

　なお，教育資源の活用に当たっては，教員が全てに直接アクセスする必要はない。例えば，地域学校協働活動の枠組を活用し，コーディネーターとなる地域学校協働活動推進員等の協力を得て，学校が期待したい教育活動に，どのような人材や施設等が活用できるか相談し，調整を依頼することも考えられる。

(4) 適切な打合せの実施

　外部の教育資源を活用して学習活動を行う際には，協力してくれる地域の人々や施設等の置かれている立場や状況などをしっかり把握しておくことが大切である。場合によっては，相手に迷惑を掛けることなども予想される。連携に当たっては，外部人材に対して，適切な対応を心掛けるとともに，授業のねらいを明確にし，教師と連携先との役割分担を事前に確認し，育成を目指す資質・能力について共有するなど，十分な打合せをする必要がある。加えて，外部人材と事後の反省をしたり，外部人材から事後の評価を受けたりすることなども，その後の学習活動の充実にとって重要である。その際，児童に関する個人情報の取り扱いについては，十分に注意しなければならない。特に，児童の実態については，学級や学年全体としての傾向を伝えるなどして，個人が特定されることがないように配慮する必要がある。

　外部から講師を招く際に，例えば，講話内容を任せきりにしてしまうことで，児童が自分で学び取る余地がないほど詳細に教えてもらうことになってしまったり，内容が難し過ぎて児童が理解できなくなってしまったりする場合も見られる。外部講師に依存し過ぎることなく，児童の学習状況に応じて教師が指導するなど，学習活動を構成する責任者としての役割を果たさなくてはならない。そのためには，外部人材を活用することにより，どのような資質・能力を育成することを期待するのかという点を教師と講師で端的に共有することが大切である。

(5) 学習成果の発信

　外部との連携を一層円滑にするために，学習成果の発信が必要である。学校公開日や学習発表会などの開催を通知したり，学校だよりの配布などをしたりして，保護者や地域の人々に総合的な学習の時間の成果を発表する場と機会を設けることが必要である。そのことにより，保護者や地域の人々は，総合的な学習の時間に関心を示すとともに，連携や協力の成果を実感し，満足感をもつことにもなる。こうした取組は，総合的な学習の時間が児童の成長につながるだけでなく，相手にとっても大きな成果を生む場合がある。

付録

目次

- 付録１：学校教育法施行規則（抄）
- 付録２：小学校学習指導要領　第１章　総則
- 付録３：小学校学習指導要領　第５章　総合的な学習の時間
- 付録４：中学校学習指導要領　第４章　総合的な学習の時間
- 付録５：小学校学習指導要領　第３章　特別の教科　道徳
- 付録６：「道徳の内容」の学年段階・学校段階の一覧表
- 付録７：幼稚園教育要領

学校教育法施行規則（抄）

昭和二十二年五月二十三日文部省令第十一号
一部改正：平成二十九年三月三十一日文部科学省令第二十号
平成三十年八月二十七日文部科学省令第二十七号

第四章　小学校

第二節　教育課程

第五十条　小学校の教育課程は，国語，社会，算数，理科，生活，音楽，図画工作，家庭，体育及び外国語の各教科（以下この節において「各教科」という。），特別の教科である道徳，外国語活動，総合的な学習の時間並びに特別活動によつて編成するものとする。

②　私立の小学校の教育課程を編成する場合は，前項の規定にかかわらず，宗教を加えることができる。この場合においては，宗教をもつて前項の特別の教科である道徳に代えることができる。

第五十一条　小学校（第五十二条の二第二項に規定する中学校連携型小学校及び第七十九条の九第二項に規定する中学校併設型小学校を除く。）の各学年における各教科，特別の教科である道徳，外国語活動，総合的な学習の時間及び特別活動のそれぞれの授業時数並びに各学年におけるこれらの総授業時数は，別表第一に定める授業時数を標準とする。

第五十二条　小学校の教育課程については，この節に定めるもののほか，教育課程の基準として文部科学大臣が別に公示する小学校学習指導要領によるものとする。

第五十三条　小学校においては，必要がある場合には，一部の各教科について，これらを合わせて授業を行うことができる。

第五十四条　児童が心身の状況によつて履修することが困難な各教科は，その児童の心身の状況に適合するように課さなければならない。

第五十五条　小学校の教育課程に関し，その改善に資する研究を行うため特に必要があり，かつ，児童の教育上適切な配慮がなされていると文部科学大臣が認める場合においては，文部科学大臣が別に定めるところにより，第五十条第一項，第五十一条（中学校連携型小学校にあつては第五十二条の三，第七十九条の九第二項に規定する中学校併設型小学校にあつては第七十九条の十二において準用する第七十九条の五第一項）又は第五十二条の規定によらないことができる。

第五十五条の二　文部科学大臣が，小学校において，当該小学校又は当該小学校が設置されている地域の実態に照らし，より効果的な教育を実施するため，当該小学校又は当該地域の特色を生かした特別の教育課程を編成して教育を実施する必要があり，かつ，当該特別の教育課程について，教育基本法（平成十八年法律第百二十号）及び学校教育法第三十条第一項の規定等に照らして適切であり，児童の教育上適切な配慮がなされているものとして文部科学大臣が定める基準を満たしていると認める場合においては，文部科学大臣が別に定めるところにより，第五十条第一項，第五十一条（中学校連携型小学

校にあつては第五十二条の三，第七十九条の九第二項に規定する中学校併設型小学校に
あつては第七十九条の十二において準用する第七十九条の五第一項）又は第五十二条の
規定の全部又は一部によらないことができる。

第五十六条　小学校において，学校生活への適応が困難であるため相当の期間小学校を欠
席し引き続き欠席すると認められる児童を対象として，その実態に配慮した特別の教育
課程を編成して教育を実施する必要があると文部科学大臣が認める場合においては，文
部科学大臣が別に定めるところにより，第五十条第一項，第五十一条（中学校連携型小
学校にあつては第五十二条の三，第七十九条の九第二項に規定する中学校併設型小学校
にあつては第七十九条の十二において準用する第七十九条の五第一項）又は第五十二条
の規定によらないことができる。

第五十六条の二　小学校において，日本語に通じない児童のうち，当該児童の日本語を理
解し，使用する能力に応じた特別の指導を行う必要があるものを教育する場合には，文
部科学大臣が別に定めるところにより，第五十条第一項，第五十一条（中学校連携型小
学校にあつては第五十二条の三，第七十九条の九第二項に規定する中学校併設型小学校
にあつては第七十九条の十二において準用する第七十九条の五第一項）及び第五十二条
の規定にかかわらず，特別の教育課程によることができる。

第五十六条の三　前条の規定により特別の教育課程による場合においては，校長は，児童
が設置者の定めるところにより他の小学校，義務教育学校の前期課程又は特別支援学校
の小学部において受けた授業を，当該児童の在学する小学校において受けた当該特別の
教育課程に係る授業とみなすことができる。

第五十六条の四　小学校において，学齢を経過した者のうち，その者の年齢，経験又は勤
労の状況その他の実情に応じた特別の指導を行う必要があるものを夜間その他特別の時
間において教育する場合には，文部科学大臣が別に定めるところにより，第五十条第一
項，第五十一条（中学校連携型小学校にあつては第五十二条の三，第七十九条の九第二
項に規定する中学校併設型小学校にあつては第七十九条の十二において準用する第
七十九条の五第一項）及び第五十二条の規定にかかわらず，特別の教育課程によること
ができる。

第三節　学年及び授業日

第六十一条　公立小学校における休業日は，次のとおりとする。ただし，第三号に掲げる
日を除き，当該学校を設置する地方公共団体の教育委員会（公立大学法人の設置する小
学校にあつては，当該公立大学法人の理事長。第三号において同じ。）が必要と認める
場合は，この限りでない。
　一　国民の祝日に関する法律（昭和二十三年法律第百七十八号）に規定する日
　二　日曜日及び土曜日
　三　学校教育法施行令第二十九条第一項の規定により教育委員会が定める日
第六十二条　私立小学校における学期及び休業日は，当該学校の学則で定める。

付録1

第八章　特別支援教育

第百三十四条の二　校長は，特別支援学校に在学する児童等について個別の教育支援計画（学校と医療，保健，福祉，労働等に関する業務を行う関係機関及び民間団体（次項において「関係機関等」という。）との連携の下に行う当該児童等に対する長期的な支援に関する計画をいう。）を作成しなければならない。

2　校長は，前項の規定により個別の教育支援計画を作成するに当たつては，当該児童等又はその保護者の意向を踏まえつつ，あらかじめ，関係機関等と当該児童等の支援に関する必要な情報の共有を図らなければならない。

第百三十八条　小学校，中学校若しくは義務教育学校又は中等教育学校の前期課程における特別支援学級に係る教育課程については，特に必要がある場合は，第五十条第一項（第七十九条の六第一項において準用する場合を含む。），第五十一条，第五十二条（第七十九条の六第一項において準用する場合を含む。），第五十二条の三，第七十二条（第七十九条の六第二項及び第百八条第一項において準用する場合を含む。），第七十三条，第七十四条（第七十九条の六第二項及び第百八条第一項において準用する場合を含む。），第七十四条の三，第七十六条，第七十九条の五（第七十九条の十二において準用する場合を含む。）及び第百七条（第百十七条において準用する場合を含む。）の規定にかかわらず，特別の教育課程によることができる。

第百三十九条の二　第百三十四条の二の規定は，小学校，中学校若しくは義務教育学校又は中等教育学校の前期課程における特別支援学級の児童又は生徒について準用する。

第百四十条　小学校，中学校，義務教育学校，高等学校又は中等教育学校において，次の各号のいずれかに該当する児童又は生徒（特別支援学級の児童及び生徒を除く。）のうち当該障害に応じた特別の指導を行う必要があるものを教育する場合には，文部科学大臣が別に定めるところにより，第五十条第一項（第七十九条の六第一項において準用する場合を含む。），第五十一条，第五十二条（第七十九条の六第一項において準用する場合を含む。），第五十二条の三，第七十二条（第七十九条の六第二項及び第百八条第一項において準用する場合を含む。），第七十三条，第七十四条（第七十九条の六第二項及び第百八条第一項において準用する場合を含む。），第七十四条の三，第七十六条，第七十九条の五（第七十九条の十二において準用する場合を含む。），第八十三条及び第八十四条（第百八条第二項において準用する場合を含む。）並びに第百七条（第百十七条において準用する場合を含む。）の規定にかかわらず，特別の教育課程によることができる。

一　言語障害者

二　自閉症者

三　情緒障害者

四　弱視者

五　難聴者

六　学習障害者

七　注意欠陥多動性障害者

八　その他障害のある者で，この条の規定により特別の教育課程による教育を行うことが適当なもの

第百四十一条　前条の規定により特別の教育課程による場合においては，校長は，児童又は生徒が，当該小学校，中学校，義務教育学校，高等学校又は中等教育学校の設置者の定めるところにより他の小学校，中学校，義務教育学校，高等学校，中等教育学校又は特別支援学校の小学部，中学部若しくは高等部において受けた授業を，当該小学校，中学校，義務教育学校，高等学校又は中等教育学校において受けた当該特別の教育課程に係る授業とみなすことができる。

第百四十一条の二　第百三十四条の二の規定は，第百四十条の規定により特別の指導が行われている児童又は生徒について準用する。

附　則（平成二十九年三月三十一日文部科学省令第二十号）

この省令は，平成三十二年四月一日から施行する。

別表第一（第五十一条関係）

区　　　　分		第1学年	第2学年	第3学年	第4学年	第5学年	第6学年
各教科の授業時数	国　　語	306	315	245	245	175	175
	社　　会			70	90	100	105
	算　　数	136	175	175	175	175	175
	理　　科			90	105	105	105
	生　　活	102	105				
	音　　楽	68	70	60	60	50	50
	図画工作	68	70	60	60	50	50
	家　　庭					60	55
	体　　育	102	105	105	105	90	90
	外　国　語					70	70
特別の教科である道徳の授業時数		34	35	35	35	35	35
外国語活動の授業時数				35	35		
総合的な学習の時間の授業時数				70	70	70	70
特別活動の授業時数		34	35	35	35	35	35
総授業時数		850	910	980	1015	1015	1015

備考
　一　この表の授業時数の一単位時間は，四十五分とする。
　二　特別活動の授業時数は，小学校学習指導要領で定める学級活動（学校給食に係るものを除く。）に充てるものとする。
　三　第五十条第二項の場合において，特別の教科である道徳のほかに宗教を加えるときは，宗教の授業時数をもつてこの表の特別の教科である道徳の授業時数の一部に代えることができる。（別表第二及び別表第四の場合においても同様とする。）

付録1

小学校学習指導要領　第1章　総則

● 第1　小学校教育の基本と教育課程の役割

1　各学校においては，教育基本法及び学校教育法その他の法令並びにこの章以下に示すところに従い，児童の人間として調和のとれた育成を目指し，児童の心身の発達の段階や特性及び学校や地域の実態を十分考慮して，適切な教育課程を編成するものとし，これらに掲げる目標を達成するよう教育を行うものとする。

2　学校の教育活動を進めるに当たっては，各学校において，第3の1に示す主体的・対話的で深い学びの実現に向けた授業改善を通して，創意工夫を生かした特色ある教育活動を展開する中で，次の(1)から(3)までに掲げる事項の実現を図り，児童に生きる力を育むことを目指すものとする。

(1)　基礎的・基本的な知識及び技能を確実に習得させ，これらを活用して課題を解決するために必要な思考力，判断力，表現力等を育むとともに，主体的に学習に取り組む態度を養い，個性を生かし多様な人々との協働を促す教育の充実に努めること。その際，児童の発達の段階を考慮して，児童の言語活動など，学習の基盤をつくる活動を充実するとともに，家庭との連携を図りながら，児童の学習習慣が確立するよう配慮すること。

(2)　道徳教育や体験活動，多様な表現や鑑賞の活動等を通して，豊かな心や創造性の涵養を目指した教育の充実に努めること。

　　学校における道徳教育は，特別の教科である道徳（以下「道徳科」という。）を要として学校の教育活動全体を通じて行うものであり，道徳科はもとより，各教科，外国語活動，総合的な学習の時間及び特別活動のそれぞれの特質に応じて，児童の発達の段階を考慮して，適切な指導を行うこと。

　　道徳教育は，教育基本法及び学校教育法に定められた教育の根本精神に基づき，自己の生き方を考え，主体的な判断の下に行動し，自立した人間として他者と共によりよく生きるための基盤となる道徳性を養うことを目標とすること。

　　道徳教育を進めるに当たっては，人間尊重の精神と生命に対する畏敬の念を家庭，学校，その他社会における具体的な生活の中に生かし，豊かな心をもち，伝統と文化を尊重し，それらを育んできた我が国と郷土を愛し，個性豊かな文化の創造を図るとともに，平和で民主的な国家及び社会の形成者として，公共の精神を尊び，社会及び国家の発展に努め，他国を尊重し，国際社会の平和と発展や環境の保全に貢献し未来を拓く主体性のある日本人の育成に資することとなるよう特に留意すること。

(3)　学校における体育・健康に関する指導を，児童の発達の段階を考慮して，学校の教育活動全体を通じて適切に行うことにより，健康で安全な生活と豊かなスポーツライフの実現を目指した教育の充実に努めること。特に，学校における食育の推進並びに体力の向上に関する指導，安全に関する指導及び心身の健康の保持増進に関する指導については，体育科，家庭科及び特別活動の時間はもとより，各教科，道徳科，外国語活動及び総合的な学習の時間などにおいてもそれぞれの特質に応じて適切に行うよう努めること。また，それらの指導を通して，家庭や地域社会との連携を図りながら，日常生活において適切な体育・健康に関する活動の実践を促し，生涯を通じて健康・安全で活力ある生活を送るための基礎が培われるよう配慮すること。

3　2の(1)から(3)までに掲げる事項の実現を図り，豊かな創造性を備え持続可能な社会の創り手となることが期待される児童に，生きる力を育むことを目指すに当たっては，学校教育全体並びに各教科，道徳科，外国語活動，総合的な学習の時間及び特別活動（以下「各教科等」とい

付録2

152

う。ただし，第2の3の(2)のア及びウにおいて，特別活動については学級活動（学校給食に係るものを除く。）に限る。）の指導を通してどのような資質・能力の育成を目指すのかを明確にしながら，教育活動の充実を図るものとする。その際，児童の発達の段階や特性等を踏まえつつ，次に掲げることが偏りなく実現できるようにするものとする。

(1) 知識及び技能が習得されるようにすること。

(2) 思考力，判断力，表現力等を育成すること。

(3) 学びに向かう力，人間性等を涵養すること。

4　各学校においては，児童や学校，地域の実態を適切に把握し，教育の目的や目標の実現に必要な教育の内容等を教科等横断的な視点で組み立てていくこと，教育課程の実施状況を評価してその改善を図っていくこと，教育課程の実施に必要な人的又は物的な体制を確保するとともにその改善を図っていくことなどを通して，教育課程に基づき組織的かつ計画的に各学校の教育活動の質の向上を図っていくこと（以下「カリキュラム・マネジメント」という。）に努めるものとする。

● 第2　教育課程の編成

1　各学校の教育目標と教育課程の編成

　　教育課程の編成に当たっては，学校教育全体や各教科等における指導を通して育成を目指す資質・能力を踏まえつつ，各学校の教育目標を明確にするとともに，教育課程の編成についての基本的な方針が家庭や地域とも共有されるよう努めるものとする。その際，第5章総合的な学習の時間の第2の1に基づき定められる目標との関連を図るものとする。

2　教科等横断的な視点に立った資質・能力の育成

(1) 各学校においては，児童の発達の段階を考慮し，言語能力，情報活用能力（情報モラルを含む。），問題発見・解決能力等の学習の基盤となる資質・能力を育成していくことができるよう，各教科等の特質を生かし，教科等横断的な視点から教育課程の編成を図るものとする。

(2) 各学校においては，児童や学校，地域の実態及び児童の発達の段階を考慮し，豊かな人生の実現や災害等を乗り越えて次代の社会を形成することに向けた現代的な諸課題に対応して求められる資質・能力を，教科等横断的な視点で育成していくことができるよう，各学校の特色を生かした教育課程の編成を図るものとする。

3　教育課程の編成における共通的事項

(1) 内容等の取扱い

ア　第2章以下に示す各教科，道徳科，外国語活動及び特別活動の内容に関する事項は，特に示す場合を除き，いずれの学校においても取り扱わなければならない。

イ　学校において特に必要がある場合には，第2章以下に示していない内容を加えて指導することができる。また，第2章以下に示す内容の取扱いのうち内容の範囲や程度等を示す事項は，全ての児童に対して指導するものとする内容の範囲や程度等を示したものであり，学校において特に必要がある場合には，この事項にかかわらず加えて指導することができる。ただし，これらの場合には，第2章以下に示す各教科，道徳科，外国語活動及び特別活動の目標や内容の趣旨を逸脱したり，児童の負担過重となったりすることのないようにしなければならない。

ウ　第2章以下に示す各教科，道徳科，外国語活動及び特別活動の内容に掲げる事項の順序は，特に示す場合を除き，指導の順序を示すものではないので，学校においては，その取扱いについて適切な工夫を加えるものとする。

付録2

153

エ 学年の内容を2学年まとめて示した教科及び外国語活動の内容は，2学年間かけて指導する事項を示したものである。各学校においては，これらの事項を児童や学校，地域の実態に応じ，2学年間を見通して計画的に指導することとし，特に示す場合を除き，いずれかの学年に分けて，又はいずれの学年においても指導するものとする。

オ 学校において2以上の学年の児童で編制する学級について特に必要がある場合には，各教科及び道徳科の目標の達成に支障のない範囲内で，各教科及び道徳科の目標及び内容について学年別の順序によらないことができる。

カ 道徳科を要として学校の教育活動全体を通じて行う道徳教育の内容は，第3章特別の教科道徳の第2に示す内容とし，その実施に当たっては，第6に示す道徳教育に関する配慮事項を踏まえるものとする。

(2) 授業時数等の取扱い

ア 各教科等の授業は，年間35週（第1学年については34週）以上にわたって行うよう計画し，週当たりの授業時数が児童の負担過重にならないようにするものとする。ただし，各教科等や学習活動の特質に応じ効果的な場合には，夏季，冬季，学年末等の休業日の期間に授業日を設定する場合を含め，これらの授業を特定の期間に行うことができる。

イ 特別活動の授業のうち，児童会活動，クラブ活動及び学校行事については，それらの内容に応じ，年間，学期ごと，月ごとなどに適切な授業時数を充てるものとする。

ウ 各学校の時間割については，次の事項を踏まえ適切に編成するものとする。

(ア) 各教科等のそれぞれの授業の1単位時間は，各学校において，各教科等の年間授業時数を確保しつつ，児童の発達の段階及び各教科等や学習活動の特質を考慮して適切に定めること。

(イ) 各教科等の特質に応じ，10分から15分程度の短い時間を活用して特定の教科等の指導を行う場合において，教師が，単元や題材など内容や時間のまとまりを見通した中で，その指導内容の決定や指導の成果の把握と活用等を責任をもって行う体制が整備されているときは，その時間を当該教科等の年間授業時数に含めることができること。

(ウ) 給食，休憩などの時間については，各学校において工夫を加え，適切に定めること。

(エ) 各学校において，児童や学校，地域の実態，各教科等や学習活動の特質等に応じて，創意工夫を生かした時間割を弾力的に編成できること。

エ 総合的な学習の時間における学習活動により，特別活動の学校行事に掲げる各行事の実施と同様の成果が期待できる場合においては，総合的な学習の時間における学習活動をもって相当する特別活動の学校行事に掲げる各行事の実施に替えることができる。

(3) 指導計画の作成等に当たっての配慮事項

各学校においては，次の事項に配慮しながら，学校の創意工夫を生かし，全体として，調和のとれた具体的な指導計画を作成するものとする。

ア 各教科等の指導内容については，(1)のアを踏まえつつ，単元や題材など内容や時間のまとまりを見通しながら，そのまとめ方や重点の置き方に適切な工夫を加え，第3の1に示す主体的・対話的で深い学びの実現に向けた授業改善を通して資質・能力を育む効果的な指導ができるようにすること。

イ 各教科等及び各学年相互間の関連を図り，系統的，発展的な指導ができるようにすること。

ウ 学年の内容を2学年まとめて示した教科及び外国語活動については，当該学年間を見通して，児童や学校，地域の実態に応じ，児童の発達の段階を考慮しつつ，効果的，段階的に指導するようにすること。

付録2

エ 児童の実態等を考慮し，指導の効果を高めるため，児童の発達の段階や指導内容の関連性等を踏まえつつ，合科的・関連的な指導を進めること。

4 学校段階等間の接続

　教育課程の編成に当たっては，次の事項に配慮しながら，学校段階等間の接続を図るものとする。

(1) 幼児期の終わりまでに育ってほしい姿を踏まえた指導を工夫することにより，幼稚園教育要領等に基づく幼児期の教育を通して育まれた資質・能力を踏まえて教育活動を実施し，児童が主体的に自己を発揮しながら学びに向かうことが可能となるようにすること。

　また，低学年における教育全体において，例えば生活科において育成する自立し生活を豊かにしていくための資質・能力が，他教科等の学習においても生かされるようにするなど，教科等間の関連を積極的に図り，幼児期の教育及び中学年以降の教育との円滑な接続が図られるよう工夫すること。特に，小学校入学当初においては，幼児期において自発的な活動としての遊びを通して育まれてきたことが，各教科等における学習に円滑に接続されるよう，生活科を中心に，合科的・関連的な指導や弾力的な時間割の設定など，指導の工夫や指導計画の作成を行うこと。

(2) 中学校学習指導要領及び高等学校学習指導要領を踏まえ，中学校教育及びその後の教育との円滑な接続が図られるよう工夫すること。特に，義務教育学校，中学校連携型小学校及び中学校併設型小学校においては，義務教育9年間を見通した計画的かつ継続的な教育課程を編成すること。

● 第3　教育課程の実施と学習評価

1 主体的・対話的で深い学びの実現に向けた授業改善

　各教科等の指導に当たっては，次の事項に配慮するものとする。

(1) 第1の3の(1)から(3)までに示すことが偏りなく実現されるよう，単元や題材など内容や時間のまとまりを見通しながら，児童の主体的・対話的で深い学びの実現に向けた授業改善を行うこと。

　特に，各教科等において身に付けた知識及び技能を活用したり，思考力，判断力，表現力等や学びに向かう力，人間性等を発揮させたりして，学習の対象となる物事を捉え思考することにより，各教科等の特質に応じた物事を捉える視点や考え方（以下「見方・考え方」という。）が鍛えられていくことに留意し，児童が各教科等の特質に応じた見方・考え方を働かせながら，知識を相互に関連付けてより深く理解したり，情報を精査して考えを形成したり，問題を見いだして解決策を考えたり，思いや考えを基に創造したりすることに向かう過程を重視した学習の充実を図ること。

(2) 第2の2の(1)に示す言語能力の育成を図るため，各学校において必要な言語環境を整えるとともに，国語科を要としつつ各教科等の特質に応じて，児童の言語活動を充実すること。あわせて，(7)に示すとおり読書活動を充実すること。

(3) 第2の2の(1)に示す情報活用能力の育成を図るため，各学校において，コンピュータや情報通信ネットワークなどの情報手段を活用するために必要な環境を整え，これらを適切に活用した学習活動の充実を図ること。また，各種の統計資料や新聞，視聴覚教材や教育機器などの教材・教具の適切な活用を図ること。

　あわせて，各教科等の特質に応じて，次の学習活動を計画的に実施すること。

ア 児童がコンピュータで文字を入力するなどの学習の基盤として必要となる情報手段の基本

付録2

的な操作を習得するための学習活動

　　イ　児童がプログラミングを体験しながら，コンピュータに意図した処理を行わせるために必要な論理的思考力を身に付けるための学習活動

(4) 児童が学習の見通しを立てたり学習したことを振り返ったりする活動を，計画的に取り入れるように工夫すること。

(5) 児童が生命の有限性や自然の大切さ，主体的に挑戦してみることや多様な他者と協働することの重要性などを実感しながら理解することができるよう，各教科等の特質に応じた体験活動を重視し，家庭や地域社会と連携しつつ体系的・継続的に実施できるよう工夫すること。

(6) 児童が自ら学習課題や学習活動を選択する機会を設けるなど，児童の興味・関心を生かした自主的，自発的な学習が促されるよう工夫すること。

(7) 学校図書館を計画的に利用しその機能の活用を図り，児童の主体的・対話的で深い学びの実現に向けた授業改善に生かすとともに，児童の自主的，自発的な学習活動や読書活動を充実すること。また，地域の図書館や博物館，美術館，劇場，音楽堂等の施設の活用を積極的に図り，資料を活用した情報の収集や鑑賞等の学習活動を充実すること。

2　学習評価の充実

　学習評価の実施に当たっては，次の事項に配慮するものとする。

(1) 児童のよい点や進歩の状況などを積極的に評価し，学習したことの意義や価値を実感できるようにすること。また，各教科等の目標の実現に向けた学習状況を把握する観点から，単元や題材など内容や時間のまとまりを見通しながら評価の場面や方法を工夫して，学習の過程や成果を評価し，指導の改善や学習意欲の向上を図り，資質・能力の育成に生かすようにすること。

(2) 創意工夫の中で学習評価の妥当性や信頼性が高められるよう，組織的かつ計画的な取組を推進するとともに，学年や学校段階を越えて児童の学習の成果が円滑に接続されるように工夫すること。

● 第4　児童の発達の支援

1　児童の発達を支える指導の充実

　教育課程の編成及び実施に当たっては，次の事項に配慮するものとする。

(1) 学習や生活の基盤として，教師と児童との信頼関係及び児童相互のよりよい人間関係を育てるため，日頃から学級経営の充実を図ること。また，主に集団の場面で必要な指導や援助を行うガイダンスと，個々の児童の多様な実態を踏まえ，一人一人が抱える課題に個別に対応した指導を行うカウンセリングの双方により，児童の発達を支援すること。

　　あわせて，小学校の低学年，中学年，高学年の学年の時期の特長を生かした指導の工夫を行うこと。

(2) 児童が，自己の存在感を実感しながら，よりよい人間関係を形成し，有意義で充実した学校生活を送る中で，現在及び将来における自己実現を図っていくことができるよう，児童理解を深め，学習指導と関連付けながら，生徒指導の充実を図ること。

(3) 児童が，学ぶことと自己の将来とのつながりを見通しながら，社会的・職業的自立に向けて必要な基盤となる資質・能力を身に付けていくことができるよう，特別活動を要としつつ各教科等の特質に応じて，キャリア教育の充実を図ること。

(4) 児童が，基礎的・基本的な知識及び技能の習得も含め，学習内容を確実に身に付けることができるよう，児童や学校の実態に応じ，個別学習やグループ別学習，繰り返し学習，学習内容

付録2

の習熟の程度に応じた学習，児童の興味・関心等に応じた課題学習，補充的な学習や発展的な学習などの学習活動を取り入れることや，教師間の協力による指導体制を確保することなど，指導方法や指導体制の工夫改善により，個に応じた指導の充実を図ること。その際，第3の1の(3)に示す情報手段や教材・教具の活用を図ること。

2　特別な配慮を必要とする児童への指導

(1) 障害のある児童などへの指導

ア　障害のある児童などについては，特別支援学校等の助言又は援助を活用しつつ，個々の児童の障害の状態等に応じた指導内容や指導方法の工夫を組織的かつ計画的に行うものとする。

イ　特別支援学級において実施する特別の教育課程については，次のとおり編成するものとする。

(ｱ) 障害による学習上又は生活上の困難を克服し自立を図るため，特別支援学校小学部・中学部学習指導要領第7章に示す自立活動を取り入れること。

(ｲ) 児童の障害の程度や学級の実態等を考慮の上，各教科の目標や内容を下学年の教科の目標や内容に替えたり，各教科を，知的障害者である児童に対する教育を行う特別支援学校の各教科に替えたりするなどして，実態に応じた教育課程を編成すること。

ウ　障害のある児童に対して，通級による指導を行い，特別の教育課程を編成する場合には，特別支援学校小学部・中学部学習指導要領第7章に示す自立活動の内容を参考とし，具体的な目標や内容を定め，指導を行うものとする。その際，効果的な指導が行われるよう，各教科等と通級による指導との関連を図るなど，教師間の連携に努めるものとする。

エ　障害のある児童などについては，家庭，地域及び医療や福祉，保健，労働等の業務を行う関係機関との連携を図り，長期的な視点で児童への教育的支援を行うために，個別の教育支援計画を作成し活用することに努めるとともに，各教科等の指導に当たって，個々の児童の実態を的確に把握し，個別の指導計画を作成し活用することに努めるものとする。特に，特別支援学級に在籍する児童や通級による指導を受ける児童については，個々の児童の実態を的確に把握し，個別の教育支援計画や個別の指導計画を作成し，効果的に活用するものとする。

(2) 海外から帰国した児童などの学校生活への適応や，日本語の習得に困難のある児童に対する日本語指導

ア　海外から帰国した児童などについては，学校生活への適応を図るとともに，外国における生活経験を生かすなどの適切な指導を行うものとする。

イ　日本語の習得に困難のある児童については，個々の児童の実態に応じた指導内容や指導方法の工夫を組織的かつ計画的に行うものとする。特に，通級による日本語指導については，教師間の連携に努め，指導についての計画を個別に作成することなどにより，効果的な指導に努めるものとする。

(3) 不登校児童への配慮

ア　不登校児童については，保護者や関係機関と連携を図り，心理や福祉の専門家の助言又は援助を得ながら，社会的自立を目指す観点から，個々の児童の実態に応じた情報の提供その他の必要な支援を行うものとする。

イ　相当の期間小学校を欠席し引き続き欠席すると認められる児童を対象として，文部科学大臣が認める特別の教育課程を編成する場合には，児童の実態に配慮した教育課程を編成するとともに，個別学習やグループ別学習など指導方法や指導体制の工夫改善に努めるものとする。

付録2

● 第5　学校運営上の留意事項

1　教育課程の改善と学校評価等

ア　各学校においては，校長の方針の下に，校務分掌に基づき教職員が適切に役割を分担しつつ，相互に連携しながら，各学校の特色を生かしたカリキュラム・マネジメントを行うよう努めるものとする。また，各学校が行う学校評価については，教育課程の編成，実施，改善が教育活動や学校運営の中核となることを踏まえ，カリキュラム・マネジメントと関連付けながら実施するよう留意するものとする。

イ　教育課程の編成及び実施に当たっては，学校保健計画，学校安全計画，食に関する指導の全体計画，いじめの防止等のための対策に関する基本的な方針など，各分野における学校の全体計画等と関連付けながら，効果的な指導が行われるように留意するものとする。

2　家庭や地域社会との連携及び協働と学校間の連携

教育課程の編成及び実施に当たっては，次の事項に配慮するものとする。

ア　学校がその目的を達成するため，学校や地域の実態等に応じ，教育活動の実施に必要な人的又は物的な体制を家庭や地域の人々の協力を得ながら整えるなど，家庭や地域社会との連携及び協働を深めること。また，高齢者や異年齢の子供など，地域における世代を越えた交流の機会を設けること。

イ　他の小学校や，幼稚園，認定こども園，保育所，中学校，高等学校，特別支援学校などとの間の連携や交流を図るとともに，障害のある幼児児童生徒との交流及び共同学習の機会を設け，共に尊重し合いながら協働して生活していく態度を育むようにすること。

● 第6　道徳教育に関する配慮事項

道徳教育を進めるに当たっては，道徳教育の特質を踏まえ，前項までに示す事項に加え，次の事項に配慮するものとする。

1　各学校においては，第1の2の(2)に示す道徳教育の目標を踏まえ，道徳教育の全体計画を作成し，校長の方針の下に，道徳教育の推進を主に担当する教師（以下「道徳教育推進教師」という。）を中心に，全教師が協力して道徳教育を展開すること。なお，道徳教育の全体計画の作成に当たっては，児童や学校，地域の実態を考慮して，学校の道徳教育の重点目標を設定するとともに，道徳科の指導方針，第3章特別の教科道徳の第2に示す内容との関連を踏まえた各教科，外国語活動，総合的な学習の時間及び特別活動における指導の内容及び時期並びに家庭や地域社会との連携の方法を示すこと。

2　各学校においては，児童の発達の段階や特性等を踏まえ，指導内容の重点化を図ること。その際，各学年を通じて，自立心や自律性，生命を尊重する心や他者を思いやる心を育てることに留意すること。また，各学年段階においては，次の事項に留意すること。

(1)　第1学年及び第2学年においては，挨拶などの基本的な生活習慣を身に付けること，善悪を判断し，してはならないことをしないこと，社会生活上のきまりを守ること。

(2)　第3学年及び第4学年においては，善悪を判断し，正しいと判断したことを行うこと，身近な人々と協力し助け合うこと，集団や社会のきまりを守ること。

(3)　第5学年及び第6学年においては，相手の考え方や立場を理解して支え合うこと，法やきまりの意義を理解して進んで守ること，集団生活の充実に努めること，伝統と文化を尊重し，それらを育んできた我が国と郷土を愛するとともに，他国を尊重すること。

3　学校や学級内の人間関係や環境を整えるとともに，集団宿泊活動やボランティア活動，自然体

験活動，地域の行事への参加などの豊かな体験を充実すること。また，道徳教育の指導内容が，児童の日常生活に生かされるようにすること。その際，いじめの防止や安全の確保等にも資することとなるよう留意すること。

4　学校の道徳教育の全体計画や道徳教育に関する諸活動などの情報を積極的に公表したり，道徳教育の充実のために家庭や地域の人々の積極的な参加や協力を得たりするなど，家庭や地域社会との共通理解を深め，相互の連携を図ること。

付録2

小学校学習指導要領　第5章　総合的な学習の時間

● 第1　目　標

探究的な見方・考え方を働かせ，横断的・総合的な学習を行うことを通して，よりよく課題を解決し，自己の生き方を考えていくための資質・能力を次のとおり育成することを目指す。

(1) 探究的な学習の過程において，課題の解決に必要な知識及び技能を身に付け，課題に関わる概念を形成し，探究的な学習のよさを理解するようにする。

(2) 実社会や実生活の中から問いを見いだし，自分で課題を立て，情報を集め，整理・分析して，まとめ・表現することができるようにする。

(3) 探究的な学習に主体的・協働的に取り組むとともに，互いのよさを生かしながら，積極的に社会に参画しようとする態度を養う。

● 第2　各学校において定める目標及び内容

1　目　標

各学校においては，第1の目標を踏まえ，各学校の総合的な学習の時間の目標を定める。

2　内　容

各学校においては，第1の目標を踏まえ，各学校の総合的な学習の時間の内容を定める。

3　各学校において定める目標及び内容の取扱い

各学校において定める目標及び内容の設定に当たっては，次の事項に配慮するものとする。

(1) 各学校において定める目標については，各学校における教育目標を踏まえ，総合的な学習の時間を通して育成を目指す資質・能力を示すこと。

(2) 各学校において定める目標及び内容については，他教科等の目標及び内容との違いに留意しつつ，他教科等で育成を目指す資質・能力との関連を重視すること。

(3) 各学校において定める目標及び内容については，日常生活や社会との関わりを重視すること。

(4) 各学校において定める内容については，目標を実現するにふさわしい探究課題，探究課題の解決を通して育成を目指す具体的な資質・能力を示すこと。

(5) 目標を実現するにふさわしい探究課題については，学校の実態に応じて，例えば，国際理解，情報，環境，福祉・健康などの現代的な諸課題に対応する横断的・総合的な課題，地域の人々の暮らし，伝統と文化など地域や学校の特色に応じた課題，児童の興味・関心に基づく課題などを踏まえて設定すること。

(6) 探究課題の解決を通して育成を目指す具体的な資質・能力については，次の事項に配慮すること。

　　ア　知識及び技能については，他教科等及び総合的な学習の時間で習得する知識及び技能が相互に関連付けられ，社会の中で生きて働くものとして形成されるようにすること。

　　イ　思考力，判断力，表現力等については，課題の設定，情報の収集，整理・分析，まとめ・表現などの探究的な学習の過程において発揮され，未知の状況において活用できるものとして身に付けられるようにすること。

　　ウ　学びに向かう力，人間性等については，自分自身に関すること及び他者や社会との関わり

に関することの両方の視点を踏まえること。

(7) 目標を実現するにふさわしい探究課題及び探究課題の解決を通して育成を目指す具体的な資質・能力については，教科等を越えた全ての学習の基盤となる資質・能力が育まれ，活用されるものとなるよう配慮すること。

● 第3　指導計画の作成と内容の取扱い

1　指導計画の作成に当たっては，次の事項に配慮するものとする。

(1) 年間や，単元など内容や時間のまとまりを見通して，その中で育む資質・能力の育成に向けて，児童の主体的・対話的で深い学びの実現を図るようにすること。その際，児童や学校，地域の実態等に応じて，児童が探究的な見方・考え方を働かせ，教科等の枠を超えた横断的・総合的な学習や児童の興味・関心等に基づく学習を行うなど創意工夫を生かした教育活動の充実を図ること。

(2) 全体計画及び年間指導計画の作成に当たっては，学校における全教育活動との関連の下に，目標及び内容，学習活動，指導方法や指導体制，学習の評価の計画などを示すこと。

(3) 他教科等及び総合的な学習の時間で身に付けた資質・能力を相互に関連付け，学習や生活において生かし，それらが総合的に働くようにすること。その際，言語能力，情報活用能力など全ての学習の基盤となる資質・能力を重視すること。

(4) 他教科等の目標及び内容との違いに留意しつつ，第1の目標並びに第2の各学校において定める目標及び内容を踏まえた適切な学習活動を行うこと。

(5) 各学校における総合的な学習の時間の名称については，各学校において適切に定めること。

(6) 障害のある児童などについては，学習活動を行う場合に生じる困難さに応じた指導内容や指導方法の工夫を計画的，組織的に行うこと。

(7) 第1章総則の第1の2の(2)に示す道徳教育の目標に基づき，道徳科などとの関連を考慮しながら，第3章特別の教科道徳の第2に示す内容について，総合的な学習の時間の特質に応じて適切な指導をすること。

2　第2の内容の取扱いについては，次の事項に配慮するものとする。

(1) 第2の各学校において定める目標及び内容に基づき，児童の学習状況に応じて教師が適切な指導を行うこと。

(2) 探究的な学習の過程においては，他者と協働して課題を解決しようとする学習活動や，言語により分析し，まとめたり表現したりするなどの学習活動が行われるようにすること。その際，例えば，比較する，分類する，関連付けるなどの考えるための技法が活用されるようにすること。

(3) 探究的な学習の過程においては，コンピュータや情報通信ネットワークなどを適切かつ効果的に活用して，情報を収集・整理・発信するなどの学習活動が行われるよう工夫すること。その際，コンピュータで文字を入力するなどの学習の基盤として必要となる情報手段の基本的な操作を習得し，情報や情報手段を主体的に選択し活用できるよう配慮すること。

(4) 自然体験やボランティア活動などの社会体験，ものづくり，生産活動などの体験活動，観察・実験，見学や調査，発表や討論などの学習活動を積極的に取り入れること。

(5) 体験活動については，第1の目標並びに第2の各学校において定める目標及び内容を踏まえ，探究的な学習の過程に適切に位置付けること。

(6) グループ学習や異年齢集団による学習などの多様な学習形態，地域の人々の協力も得つつ，

付録3

全教師が一体となって指導に当たるなどの指導体制について工夫を行うこと。

(7) 学校図書館の活用，他の学校との連携，公民館，図書館，博物館等の社会教育施設や社会教育関係団体等の各種団体との連携，地域の教材や学習環境の積極的な活用などの工夫を行うこと。

(8) 国際理解に関する学習を行う際には，探究的な学習に取り組むことを通して，諸外国の生活や文化などを体験したり調査したりするなどの学習活動が行われるようにすること。

(9) 情報に関する学習を行う際には，探究的な学習に取り組むことを通して，情報を収集・整理・発信したり，情報が日常生活や社会に与える影響を考えたりするなどの学習活動が行われるようにすること。第1章総則の第3の1の(3)のイに掲げるプログラミングを体験しながら論理的思考力を身に付けるための学習活動を行う場合には，プログラミングを体験することが，探究的な学習の過程に適切に位置付くようにすること。

付録3

中学校学習指導要領　第4章　総合的な学習の時間

● 第1　目　標

探究的な見方・考え方を働かせ，横断的・総合的な学習を行うことを通して，よりよく課題を解決し，自己の生き方を考えていくための資質・能力を次のとおり育成することを目指す。

(1) 探究的な学習の過程において，課題の解決に必要な知識及び技能を身に付け，課題に関わる概念を形成し，探究的な学習のよさを理解するようにする。

(2) 実社会や実生活の中から問いを見いだし，自分で課題を立て，情報を集め，整理・分析して，まとめ・表現することができるようにする。

(3) 探究的な学習に主体的・協働的に取り組むとともに，互いのよさを生かしながら，積極的に社会に参画しようとする態度を養う。

● 第2　各学校において定める目標及び内容

1　目　標

各学校においては，第1の目標を踏まえ，各学校の総合的な学習の時間の目標を定める。

2　内　容

各学校においては，第1の目標を踏まえ，各学校の総合的な学習の時間の内容を定める。

3　各学校において定める目標及び内容の取扱い

各学校において定める目標及び内容の設定に当たっては，次の事項に配慮するものとする。

(1) 各学校において定める目標については，各学校における教育目標を踏まえ，総合的な学習の時間を通して育成を目指す資質・能力を示すこと。

(2) 各学校において定める目標及び内容については，他教科等の目標及び内容との違いに留意しつつ，他教科等で育成を目指す資質・能力との関連を重視すること。

(3) 各学校において定める目標及び内容については，日常生活や社会との関わりを重視すること。

(4) 各学校において定める内容については，目標を実現するにふさわしい探究課題，探究課題の解決を通して育成を目指す具体的な資質・能力を示すこと。

(5) 目標を実現するにふさわしい探究課題については，学校の実態に応じて，例えば，国際理解，情報，環境，福祉・健康などの現代的な諸課題に対応する横断的・総合的な課題，地域や学校の特色に応じた課題，生徒の興味・関心に基づく課題，職業や自己の将来に関する課題などを踏まえて設定すること。

(6) 探究課題の解決を通して育成を目指す具体的な資質・能力については，次の事項に配慮すること。

ア　知識及び技能については，他教科等及び総合的な学習の時間で習得する知識及び技能が相互に関連付けられ，社会の中で生きて働くものとして形成されるようにすること。

イ　思考力，判断力，表現力等については，課題の設定，情報の収集，整理・分析，まとめ・表現などの探究的な学習の過程において発揮され，未知の状況において活用できるものとして身に付けられるようにすること。

ウ　学びに向かう力，人間性等については，自分自身に関すること及び他者や社会との関わり

付録4

に関することの両方の視点を踏まえること。

(7) 目標を実現するにふさわしい探究課題及び探究課題の解決を通して育成を目指す具体的な資質・能力については，教科等を越えた全ての学習の基盤となる資質・能力が育まれ，活用されるものとなるよう配慮すること。

● 第3　指導計画の作成と内容の取扱い

1　指導計画の作成に当たっては，次の事項に配慮するものとする。

(1) 年間や，単元など内容や時間のまとまりを見通して，その中で育む資質・能力の育成に向けて，生徒の主体的・対話的で深い学びの実現を図るようにすること。その際，生徒や学校，地域の実態等に応じて，生徒が探究的な見方・考え方を働かせ，教科等の枠を超えた横断的・総合的な学習や生徒の興味・関心等に基づく学習を行うなど創意工夫を生かした教育活動の充実を図ること。

(2) 全体計画及び年間指導計画の作成に当たっては，学校における全教育活動との関連の下に，目標及び内容，学習活動，指導方法や指導体制，学習の評価の計画などを示すこと。その際，小学校における総合的な学習の時間の取組を踏まえること。

(3) 他教科等及び総合的な学習の時間で身に付けた資質・能力を相互に関連付け，学習や生活において生かし，それらが総合的に働くようにすること。その際，言語能力，情報活用能力など全ての学習の基盤となる資質・能力を重視すること。

(4) 他教科等の目標及び内容との違いに留意しつつ，第1の目標並びに第2の各学校において定める目標及び内容を踏まえた適切な学習活動を行うこと。

(5) 各学校における総合的な学習の時間の名称については，各学校において適切に定めること。

(6) 障害のある生徒などについては，学習活動を行う場合に生じる困難さに応じた指導内容や指導方法の工夫を計画的，組織的に行うこと。

(7) 第1章総則の第1の2の(2)に示す道徳教育の目標に基づき，道徳科などとの関連を考慮しながら，第3章特別の教科道徳の第2に示す内容について，総合的な学習の時間の特質に応じて適切な指導をすること。

2　第2の内容の取扱いについては，次の事項に配慮するものとする。

(1) 第2の各学校において定める目標及び内容に基づき，生徒の学習状況に応じて教師が適切な指導を行うこと。

(2) 探究的な学習の過程においては，他者と協働して課題を解決しようとする学習活動や，言語により分析し，まとめたり表現したりするなどの学習活動が行われるようにすること。その際，例えば，比較する，分類する，関連付けるなどの考えるための技法が活用されるようにすること。

(3) 探究的な学習の過程においては，コンピュータや情報通信ネットワークなどを適切かつ効果的に活用して，情報を収集・整理・発信するなどの学習活動が行われるよう工夫すること。その際，情報や情報手段を主体的に選択し活用できるよう配慮すること。

(4) 自然体験や職場体験活動，ボランティア活動などの社会体験，ものづくり，生産活動などの体験活動，観察・実験，見学や調査，発表や討論などの学習活動を積極的に取り入れること。

(5) 体験活動については，第1の目標並びに第2の各学校において定める目標及び内容を踏まえ，探究的な学習の過程に適切に位置付けること。

(6) グループ学習や異年齢集団による学習などの多様な学習形態，地域の人々の協力も得つつ，

全教師が一体となって指導に当たるなどの指導体制について工夫を行うこと。

(7) 学校図書館の活用，他の学校との連携，公民館，図書館，博物館等の社会教育施設や社会教育関係団体等の各種団体との連携，地域の教材や学習環境の積極的な活用などの工夫を行うこと。

(8) 職業や自己の将来に関する学習を行う際には，探究的な学習に取り組むことを通して，自己を理解し，将来の生き方を考えるなどの学習活動が行われるようにすること。

付録4

小学校学習指導要領　第3章　特別の教科　道徳

● 第1　目　標

　第1章総則の第1の2の(2)に示す道徳教育の目標に基づき，よりよく生きるための基盤となる道徳性を養うため，道徳的諸価値についての理解を基に，自己を見つめ，物事を多面的・多角的に考え，自己の生き方についての考えを深める学習を通して，道徳的な判断力，心情，実践意欲と態度を育てる。

● 第2　内　容

　学校の教育活動全体を通じて行う道徳教育の要である道徳科においては，以下に示す項目について扱う。

A　主として自分自身に関すること

［善悪の判断，自律，自由と責任］

〔第1学年及び第2学年〕

　よいことと悪いこととの区別をし，よいと思うことを進んで行うこと。

〔第3学年及び第4学年〕

　正しいと判断したことは，自信をもって行うこと。

〔第5学年及び第6学年〕

　自由を大切にし，自律的に判断し，責任のある行動をすること。

［正直，誠実］

〔第1学年及び第2学年〕

　うそをついたりごまかしをしたりしないで，素直に伸び伸びと生活すること。

〔第3学年及び第4学年〕

　過ちは素直に改め，正直に明るい心で生活すること。

〔第5学年及び第6学年〕

　誠実に，明るい心で生活すること。

［節度，節制］

〔第1学年及び第2学年〕

　健康や安全に気を付け，物や金銭を大切にし，身の回りを整え，わがままをしないで，規則正しい生活をすること。

〔第3学年及び第4学年〕

　自分でできることは自分でやり，安全に気を付け，よく考えて行動し，節度のある生活をすること。

〔第5学年及び第6学年〕

　安全に気を付けることや，生活習慣の大切さについて理解し，自分の生活を見直し，節度を守り節制に心掛けること。

［個性の伸長］

〔第1学年及び第2学年〕

　自分の特徴に気付くこと。

〔第3学年及び第4学年〕

　自分の特徴に気付き，長所を伸ばすこと。

付録5

〔第 5 学年及び第 6 学年〕

自分の特徴を知って，短所を改め長所を伸ばすこと。

［希望と勇気，努力と強い意志］

〔第 1 学年及び第 2 学年〕

自分のやるべき勉強や仕事をしっかりと行うこと。

〔第 3 学年及び第 4 学年〕

自分でやろうと決めた目標に向かって，強い意志をもち，粘り強くやり抜くこと。

〔第 5 学年及び第 6 学年〕

より高い目標を立て，希望と勇気をもち，困難があってもくじけずに努力して物事をやり抜くこと。

［真理の探究］

〔第 5 学年及び第 6 学年〕

真理を大切にし，物事を探究しようとする心をもつこと。

B　主として人との関わりに関すること

［親切，思いやり］

〔第 1 学年及び第 2 学年〕

身近にいる人に温かい心で接し，親切にすること。

〔第 3 学年及び第 4 学年〕

相手のことを思いやり，進んで親切にすること。

〔第 5 学年及び第 6 学年〕

誰に対しても思いやりの心をもち，相手の立場に立って親切にすること。

［感謝］

〔第 1 学年及び第 2 学年〕

家族など日頃世話になっている人々に感謝すること。

〔第 3 学年及び第 4 学年〕

家族など生活を支えてくれている人々や現在の生活を築いてくれた高齢者に，尊敬と感謝の気持ちをもって接すること。

〔第 5 学年及び第 6 学年〕

日々の生活が家族や過去からの多くの人々の支え合いや助け合いで成り立っていることに感謝し，それに応えること。

［礼儀］

〔第 1 学年及び第 2 学年〕

気持ちのよい挨拶，言葉遣い，動作などに心掛けて，明るく接すること。

〔第 3 学年及び第 4 学年〕

礼儀の大切さを知り，誰に対しても真心をもって接すること。

〔第 5 学年及び第 6 学年〕

時と場をわきまえて，礼儀正しく真心をもって接すること。

［友情，信頼］

〔第 1 学年及び第 2 学年〕

友達と仲よくし，助け合うこと。

〔第 3 学年及び第 4 学年〕

友達と互いに理解し，信頼し，助け合うこと。

付録 5

〔第5学年及び第6学年〕

　　友達と互いに信頼し，学び合って友情を深め，異性についても理解しながら，人間関係を築いていくこと。

［相互理解，寛容］

　〔第3学年及び第4学年〕

　　自分の考えや意見を相手に伝えるとともに，相手のことを理解し，自分と異なる意見も大切にすること。

　〔第5学年及び第6学年〕

　　自分の考えや意見を相手に伝えるとともに，謙虚な心をもち，広い心で自分と異なる意見や立場を尊重すること。

C　主として集団や社会との関わりに関すること

［規則の尊重］

　〔第1学年及び第2学年〕

　　約束やきまりを守り，みんなが使う物を大切にすること。

　〔第3学年及び第4学年〕

　　約束や社会のきまりの意義を理解し，それらを守ること。

　〔第5学年及び第6学年〕

　　法やきまりの意義を理解した上で進んでそれらを守り，自他の権利を大切にし，義務を果たすこと。

［公正，公平，社会正義］

　〔第1学年及び第2学年〕

　　自分の好き嫌いにとらわれないで接すること。

　〔第3学年及び第4学年〕

　　誰に対しても分け隔てをせず，公正，公平な態度で接すること。

　〔第5学年及び第6学年〕

　　誰に対しても差別をすることや偏見をもつことなく，公正，公平な態度で接し，正義の実現に努めること。

［勤労，公共の精神］

　〔第1学年及び第2学年〕

　　働くことのよさを知り，みんなのために働くこと。

　〔第3学年及び第4学年〕

　　働くことの大切さを知り，進んでみんなのために働くこと。

　〔第5学年及び第6学年〕

　　働くことや社会に奉仕することの充実感を味わうとともに，その意義を理解し，公共のために役に立つことをすること。

［家族愛，家庭生活の充実］

　〔第1学年及び第2学年〕

　　父母，祖父母を敬愛し，進んで家の手伝いなどをして，家族の役に立つこと。

　〔第3学年及び第4学年〕

　　父母，祖父母を敬愛し，家族みんなで協力し合って楽しい家庭をつくること。

　〔第5学年及び第6学年〕

　　父母，祖父母を敬愛し，家族の幸せを求めて，進んで役に立つことをすること。

付録5

［よりよい学校生活，集団生活の充実］

〔第1学年及び第2学年〕

先生を敬愛し，学校の人々に親しんで，学級や学校の生活を楽しくすること。

〔第3学年及び第4学年〕

先生や学校の人々を敬愛し，みんなで協力し合って楽しい学級や学校をつくること。

〔第5学年及び第6学年〕

先生や学校の人々を敬愛し，みんなで協力し合ってよりよい学級や学校をつくるとともに，様々な集団の中での自分の役割を自覚して集団生活の充実に努めること。

［伝統と文化の尊重，国や郷土を愛する態度］

〔第1学年及び第2学年〕

我が国や郷土の文化と生活に親しみ，愛着をもつこと。

〔第3学年及び第4学年〕

我が国や郷土の伝統と文化を大切にし，国や郷土を愛する心をもつこと。

〔第5学年及び第6学年〕

我が国や郷土の伝統と文化を大切にし，先人の努力を知り，国や郷土を愛する心をもつこと。

［国際理解，国際親善］

〔第1学年及び第2学年〕

他国の人々や文化に親しむこと。

〔第3学年及び第4学年〕

他国の人々や文化に親しみ，関心をもつこと。

〔第5学年及び第6学年〕

他国の人々や文化について理解し，日本人としての自覚をもって国際親善に努めること。

D　主として生命や自然，崇高なものとの関わりに関すること

［生命の尊さ］

〔第1学年及び第2学年〕

生きることのすばらしさを知り，生命を大切にすること。

〔第3学年及び第4学年〕

生命の尊さを知り，生命あるものを大切にすること。

〔第5学年及び第6学年〕

生命が多くの生命のつながりの中にあるかけがえのないものであることを理解し，生命を尊重すること。

［自然愛護］

〔第1学年及び第2学年〕

身近な自然に親しみ，動植物に優しい心で接すること。

〔第3学年及び第4学年〕

自然のすばらしさや不思議さを感じ取り，自然や動植物を大切にすること。

〔第5学年及び第6学年〕

自然の偉大さを知り，自然環境を大切にすること。

［感動，畏敬の念］

〔第1学年及び第2学年〕

美しいものに触れ，すがすがしい心をもつこと。

〔第3学年及び第4学年〕
　　美しいものや気高いものに感動する心をもつこと。
〔第5学年及び第6学年〕
　　美しいものや気高いものに感動する心や人間の力を超えたものに対する畏敬の念をもつこと。

［よりよく生きる喜び］
〔第5学年及び第6学年〕
　　よりよく生きようとする人間の強さや気高さを理解し，人間として生きる喜びを感じること。

●第3　指導計画の作成と内容の取扱い

1　各学校においては，道徳教育の全体計画に基づき，各教科，外国語活動，総合的な学習の時間及び特別活動との関連を考慮しながら，道徳科の年間指導計画を作成するものとする。なお，作成に当たっては，第2に示す各学年段階の内容項目について，相当する各学年において全て取り上げることとする。その際，児童や学校の実態に応じ，2学年間を見通した重点的な指導や内容項目間の関連を密にした指導，一つの内容項目を複数の時間で扱う指導を取り入れるなどの工夫を行うものとする。

2　第2の内容の指導に当たっては，次の事項に配慮するものとする。

(1)　校長や教頭などの参加，他の教師との協力的な指導などについて工夫し，道徳教育推進教師を中心とした指導体制を充実すること。

(2)　道徳科が学校の教育活動全体を通じて行う道徳教育の要としての役割を果たすことができるよう，計画的・発展的な指導を行うこと。特に，各教科，外国語活動，総合的な学習の時間及び特別活動における道徳教育としては取り扱う機会が十分でない内容項目に関わる指導を補うことや，児童や学校の実態等を踏まえて指導をより一層深めること，内容項目の相互の関連を捉え直したり発展させたりすることに留意すること。

(3)　児童が自ら道徳性を養う中で，自らを振り返って成長を実感したり，これからの課題や目標を見付けたりすることができるよう工夫すること。その際，道徳性を養うことの意義について，児童自らが考え，理解し，主体的に学習に取り組むことができるようにすること。

(4)　児童が多様な感じ方や考え方に接する中で，考えを深め，判断し，表現する力などを育むことができるよう，自分の考えを基に話し合ったり書いたりするなどの言語活動を充実すること。

(5)　児童の発達の段階や特性等を考慮し，指導のねらいに即して，問題解決的な学習，道徳的行為に関する体験的な学習等を適切に取り入れるなど，指導方法を工夫すること。その際，それらの活動を通じて学んだ内容の意義などについて考えることができるようにすること。また，特別活動等における多様な実践活動や体験活動も道徳科の授業に生かすようにすること。

(6)　児童の発達の段階や特性等を考慮し，第2に示す内容との関連を踏まえつつ，情報モラルに関する指導を充実すること。また，児童の発達の段階や特性等を考慮し，例えば，社会の持続可能な発展などの現代的な課題の取扱いにも留意し，身近な社会的課題を自分との関係において考え，それらの解決に寄与しようとする意欲や態度を育てるよう努めること。なお，多様な見方や考え方のできる事柄について，特定の見方や考え方に偏った指導を行うことのないようにすること。

(7)　道徳科の授業を公開したり，授業の実施や地域教材の開発や活用などに家庭や地域の人々，

各分野の専門家等の積極的な参加や協力を得たりするなど，家庭や地域社会との共通理解を深め，相互の連携を図ること。

3　教材については，次の事項に留意するものとする。

(1)　児童の発達の段階や特性，地域の実情等を考慮し，多様な教材の活用に努めること。特に，生命の尊厳，自然，伝統と文化，先人の伝記，スポーツ，情報化への対応等の現代的な課題などを題材とし，児童が問題意識をもって多面的・多角的に考えたり，感動を覚えたりするような充実した教材の開発や活用を行うこと。

(2)　教材については，教育基本法や学校教育法その他の法令に従い，次の観点に照らし適切と判断されるものであること。

ア　児童の発達の段階に即し，ねらいを達成するのにふさわしいものであること。

イ　人間尊重の精神にかなうものであって，悩みや葛藤等の心の揺れ，人間関係の理解等の課題も含め，児童が深く考えることができ，人間としてよりよく生きる喜びや勇気を与えられるものであること。

ウ　多様な見方や考え方のできる事柄を取り扱う場合には，特定の見方や考え方に偏った取扱いがなされていないものであること。

4　児童の学習状況や道徳性に係る成長の様子を継続的に把握し，指導に生かすよう努める必要がある。ただし，数値などによる評価は行わないものとする。

付録5

「道徳の内容」の学年段階・学校段階の一覧表

	小学校第1学年及び第2学年（19）	小学校第3学年及び第4学年（20）
A　主として自分自身に関すること		
善悪の判断，自律，自由と責任	(1) よいことと悪いこととの区別をし，よいと思うことを進んで行うこと。	(1) 正しいと判断したことは，自信をもって行うこと。
正直，誠実	(2) うそをついたりごまかしをしたりしないで，素直に伸び伸びと生活すること。	(2) 過ちは素直に改め，正直に明るい心で生活すること。
節度，節制	(3) 健康や安全に気を付け，物や金銭を大切にし，身の回りを整え，わがままをしないで，規則正しい生活をすること。	(3) 自分でできることは自分でやり，安全に気を付け，よく考えて行動し，節度のある生活をすること。
個性の伸長	(4) 自分の特徴に気付くこと。	(4) 自分の特徴に気付き，長所を伸ばすこと。
希望と勇気，努力と強い意志	(5) 自分のやるべき勉強や仕事をしっかりと行うこと。	(5) 自分でやろうと決めた目標に向かって，強い意志をもち，粘り強くやり抜くこと。
真理の探究		
B　主として人との関わりに関すること		
親切，思いやり	(6) 身近にいる人に温かい心で接し，親切にすること。	(6) 相手のことを思いやり，進んで親切にすること。
感謝	(7) 家族など日頃世話になっている人々に感謝すること。	(7) 家族など生活を支えてくれている人々や現在の生活を築いてくれた高齢者に，尊敬と感謝の気持ちをもって接すること。
礼儀	(8) 気持ちのよい挨拶，言葉遣い，動作などに心掛けて，明るく接すること。	(8) 礼儀の大切さを知り，誰に対しても真心をもって接すること。
友情，信頼	(9) 友達と仲よくし，助け合うこと。	(9) 友達と互いに理解し，信頼し，助け合うこと。
相互理解，寛容		(10) 自分の考えや意見を相手に伝えるとともに，相手のことを理解し，自分と異なる意見も大切にすること。
C　主として集団や社会との関わりに関すること		
規則の尊重	(10) 約束やきまりを守り，みんなが使う物を大切にすること。	(11) 約束や社会のきまりの意義を理解し，それらを守ること。
公正，公平，社会正義	(11) 自分の好き嫌いにとらわれないで接すること。	(12) 誰に対しても分け隔てをせず，公正，公平な態度で接すること。
勤労，公共の精神	(12) 働くことのよさを知り，みんなのために働くこと。	(13) 働くことの大切さを知り，進んでみんなのために働くこと。
家族愛，家庭生活の充実	(13) 父母，祖父母を敬愛し，進んで家の手伝いなどをして，家族の役に立つこと。	(14) 父母，祖父母を敬愛し，家族みんなで協力し合って楽しい家庭をつくること。
よりよい学校生活，集団生活の充実	(14) 先生を敬愛し，学校の人々に親しんで，学級や学校の生活を楽しくすること。	(15) 先生や学校の人々を敬愛し，みんなで協力し合って楽しい学級や学校をつくること。
伝統と文化の尊重，国や郷土を愛する態度	(15) 我が国や郷土の文化と生活に親しみ，愛着をもつこと。	(16) 我が国や郷土の伝統と文化を大切にし，国や郷土を愛する心をもつこと。
国際理解，国際親善	(16) 他国の人々や文化に親しむこと。	(17) 他国の人々や文化に親しみ，関心をもつこと。
D　主として生命や自然，崇高なものとの関わりに関すること		
生命の尊さ	(17) 生きることのすばらしさを知り，生命を大切にすること。	(18) 生命の尊さを知り，生命あるものを大切にすること。
自然愛護	(18) 身近な自然に親しみ，動植物に優しい心で接すること。	(19) 自然のすばらしさや不思議さを感じ取り，自然や動植物を大切にすること。
感動，畏敬の念	(19) 美しいものに触れ，すがすがしい心をもつこと。	(20) 美しいものや気高いものに感動する心をもつこと。
よりよく生きる喜び		

付録6

小学校第5学年及び第6学年（22）	中学校（22）	
(1) 自由を大切にし，自律的に判断し，責任のある行動をすること。 (2) 誠実に，明るい心で生活すること。	(1) 自律の精神を重んじ，自主的に考え，判断し，誠実に実行してその結果に責任をもつこと。	自主，自律， 自由と責任
(3) 安全に気を付けることや，生活習慣の大切さについて理解し，自分の生活を見直し，節度を守り節制に心掛けること。	(2) 望ましい生活習慣を身に付け，心身の健康の増進を図り，節度を守り節制に心掛け，安全で調和のある生活をすること。	節度，節制
(4) 自分の特徴を知って，短所を改め長所を伸ばすこと。	(3) 自己を見つめ，自己の向上を図るとともに，個性を伸ばして充実した生き方を追求すること。	向上心，個性の伸長
(5) より高い目標を立て，希望と勇気をもち，困難があってもくじけずに努力して物事をやり抜くこと。	(4) より高い目標を設定し，その達成を目指し，希望と勇気をもち，困難や失敗を乗り越えて着実にやり遂げること。	希望と勇気， 克己と強い意志
(6) 真理を大切にし，物事を探究しようとする心をもつこと。	(5) 真実を大切にし，真理を探究して新しいものを生み出そうと努めること。	真理の探究，創造
(7) 誰に対しても思いやりの心をもち，相手の立場に立って親切にすること。 (8) 日々の生活が家族や過去からの多くの人々の支え合いや助け合いで成り立っていることに感謝し，それに応えること。	(6) 思いやりの心をもって人と接するとともに，家族などの支えや多くの人々の善意により日々の生活や現在の自分があることに感謝し，進んでそれに応え，人間愛の精神を深めること。	思いやり，感謝
(9) 時と場をわきまえて，礼儀正しく真心をもって接すること。	(7) 礼儀の意義を理解し，時と場に応じた適切な言動をとること。	礼儀
(10) 友達と互いに信頼し，学び合って友情を深め，異性についても理解しながら，人間関係を築いていくこと。	(8) 友情の尊さを理解して心から信頼できる友達をもち，互いに励まし合い，高め合うとともに，異性についての理解を深め，悩みや葛藤も経験しながら人間関係を深めていくこと。	友情，信頼
(11) 自分の考えや意見を相手に伝えるとともに，謙虚な心をもち，広い心で自分と異なる意見や立場を尊重すること。	(9) 自分の考えや意見を相手に伝えるとともに，それぞれの個性や立場を尊重し，いろいろなものの見方や考え方があることを理解し，寛容の心をもって謙虚に他に学び，自らを高めていくこと。	相互理解，寛容
(12) 法やきまりの意義を理解した上で進んでそれらを守り，自他の権利を大切にし，義務を果たすこと。	(10) 法やきまりの意義を理解し，それらを進んで守るとともに，そのよりよい在り方について考え，自他の権利を大切にし，義務を果たして，規律ある安定した社会の実現に努めること。	遵法精神，公徳心
(13) 誰に対しても差別をすることや偏見をもつことなく，公正，公平な態度で接し，正義の実現に努めること。	(11) 正義と公正さを重んじ，誰に対しても公平に接し，差別や偏見のない社会の実現に努めること。	公正，公平， 社会正義
(14) 働くことや社会に奉仕することの充実感を味わうとともに，その意義を理解し，公共のために役に立つことをすること。	(12) 社会参画の意識と社会連帯の自覚を高め，公共の精神をもってよりよい社会の実現に努めること。	社会参画， 公共の精神
	(13) 勤労の尊さや意義を理解し，将来の生き方について考えを深め，勤労を通じて社会に貢献すること。	勤労
(15) 父母，祖父母を敬愛し，家族の幸せを求めて，進んで役に立つことをすること。	(14) 父母，祖父母を敬愛し，家族の一員としての自覚をもって充実した家庭生活を築くこと。	家族愛， 家庭生活の充実
(16) 先生や学校の人々を敬愛し，みんなで協力し合ってよりよい学級や学校をつくるとともに，様々な集団の中での自分の役割を自覚して集団生活の充実に努めること。	(15) 教師や学校の人々を敬愛し，学級や学校の一員としての自覚をもち，協力し合ってよりよい校風をつくるとともに，様々な集団の意義や集団の中での自分の役割と責任を自覚して集団生活の充実に努めること。	よりよい学校生活， 集団生活の充実
(17) 我が国や郷土の伝統と文化を大切にし，先人の努力を知り，国や郷土を愛する心をもつこと。	(16) 郷土の伝統と文化を大切にし，社会に尽くした先人や高齢者に尊敬の念を深め，地域社会の一員としての自覚をもって郷土を愛し，進んで郷土の発展に努めること。	郷土の伝統と 文化の尊重， 郷土を愛する態度
	(17) 優れた伝統の継承と新しい文化の創造に貢献するとともに，日本人としての自覚をもって国を愛し，国家及び社会の形成者として，その発展に努めること。	我が国の伝統と 文化の尊重， 国を愛する態度
(18) 他国の人々や文化について理解し，日本人としての自覚をもって国際親善に努めること。	(18) 世界の中の日本人としての自覚をもち，他国を尊重し，国際的視野に立って，世界の平和と人類の発展に寄与すること。	国際理解， 国際貢献
(19) 生命が多くの生命のつながりの中にあるかけがえのないものであることを理解し，生命を尊重すること。	(19) 生命の尊さについて，その連続性や有限性なども含めて理解し，かけがえのない生命を尊重すること。	生命の尊さ
(20) 自然の偉大さを知り，自然環境を大切にすること。	(20) 自然の崇高さを知り，自然環境を大切にすることの意義を理解し，進んで自然の愛護に努めること。	自然愛護
(21) 美しいものや気高いものに感動する心や人間の力を超えたものに対する畏敬の念をもつこと。	(21) 美しいものや気高いものに感動する心をもち，人間の力を超えたものに対する畏敬の念を深めること。	感動，畏敬の念
(22) よりよく生きようとする人間の強さや気高さを理解し，人間として生きる喜びを感じること。	(22) 人間には自らの弱さや醜さを克服する強さや気高く生きようとする心があることを理解し，人間として生きることに喜びを見いだすこと。	よりよく生きる喜び

付録6

幼稚園教育要領

　教育は，教育基本法第1条に定めるとおり，人格の完成を目指し，平和で民主的な国家及び社会の形成者として必要な資質を備えた心身ともに健康な国民の育成を期すという目的のもと，同法第2条に掲げる次の目標を達成するよう行われなければならない。

1　幅広い知識と教養を身に付け，真理を求める態度を養い，豊かな情操と道徳心を培うとともに，健やかな身体を養うこと。

2　個人の価値を尊重して，その能力を伸ばし，創造性を培い，自主及び自律の精神を養うとともに，職業及び生活との関連を重視し，勤労を重んずる態度を養うこと。

3　正義と責任，男女の平等，自他の敬愛と協力を重んずるとともに，公共の精神に基づき，主体的に社会の形成に参画し，その発展に寄与する態度を養うこと。

4　生命を尊び，自然を大切にし，環境の保全に寄与する態度を養うこと。

5　伝統と文化を尊重し，それらをはぐくんできた我が国と郷土を愛するとともに，他国を尊重し，国際社会の平和と発展に寄与する態度を養うこと。

　また，幼児期の教育については，同法第11条に掲げるとおり，生涯にわたる人格形成の基礎を培う重要なものであることにかんがみ，国及び地方公共団体は，幼児の健やかな成長に資する良好な環境の整備その他適当な方法によって，その振興に努めなければならないこととされている。

　これからの幼稚園には，学校教育の始まりとして，こうした教育の目的及び目標の達成を目指しつつ，一人一人の幼児が，将来，自分のよさや可能性を認識するとともに，あらゆる他者を価値のある存在として尊重し，多様な人々と協働しながら様々な社会的変化を乗り越え，豊かな人生を切りひらき，持続可能な社会の創り手となることができるようにするための基礎を培うことが求められる。このために必要な教育の在り方を具体化するのが，各幼稚園において教育の内容等を組織的かつ計画的に組み立てた教育課程である。

　教育課程を通して，これからの時代に求められる教育を実現していくためには，よりよい学校教育を通してよりよい社会を創るという理念を学校と社会とが共有し，それぞれの幼稚園において，幼児期にふさわしい生活をどのように展開し，どのような資質・能力を育むようにするのかを教育課程において明確にしながら，社会との連携及び協働によりその実現を図っていくという，社会に開かれた教育課程の実現が重要となる。

　幼稚園教育要領とは，こうした理念の実現に向けて必要となる教育課程の基準を大綱的に定めるものである。幼稚園教育要領が果たす役割の一つは，公の性質を有する幼稚園における教育水準を全国的に確保することである。また，各幼稚園がその特色を生かして創意工夫を重ね，長年にわたり積み重ねられてきた教育実践や学術研究の蓄積を生かしながら，幼児や地域の現状や課題を捉え，家庭や地域社会と協力して，幼稚園教育要領を踏まえた教育活動の更なる充実を図っていくことも重要である。

　幼児の自発的な活動としての遊びを生み出すために必要な環境を整え，一人一人の資質・能力を育んでいくことは，教職員をはじめとする幼稚園関係者はもとより，家庭や地域の人々も含め，様々な立場から幼児や幼稚園に関わる全ての大人に期待される役割である。家庭との緊密な連携の下，小学校以降の教育や生涯にわたる学習とのつながりを見通しながら，幼児の自発的な活動としての遊びを通しての総合的な指導をする際に広く活用されるものとなることを期待して，ここに幼稚園教育要領を定める。

付録7

● 第1章　総則

第1　幼稚園教育の基本

　幼児期の教育は，生涯にわたる人格形成の基礎を培う重要なものであり，幼稚園教育は，学校教育法に規定する目的及び目標を達成するため，幼児期の特性を踏まえ，環境を通して行うものであることを基本とする。

　このため教師は，幼児との信頼関係を十分に築き，幼児が身近な環境に主体的に関わり，環境との関わり方や意味に気付き，これらを取り込もうとして，試行錯誤したり，考えたりするようになる幼児期の教育における見方・考え方を生かし，幼児と共によりよい教育環境を創造するように努めるものとする。これらを踏まえ，次に示す事項を重視して教育を行わなければならない。

1　幼児は安定した情緒の下で自己を十分に発揮することにより発達に必要な体験を得ていくものであることを考慮して，幼児の主体的な活動を促し，幼児期にふさわしい生活が展開されるようにすること。

2　幼児の自発的な活動としての遊びは，心身の調和のとれた発達の基礎を培う重要な学習であることを考慮して，遊びを通しての指導を中心として第2章に示すねらいが総合的に達成されるようにすること。

3　幼児の発達は，心身の諸側面が相互に関連し合い，多様な経過をたどって成し遂げられていくものであること，また，幼児の生活経験がそれぞれ異なることなどを考慮して，幼児一人一人の特性に応じ，発達の課題に即した指導を行うようにすること。

　その際，教師は，幼児の主体的な活動が確保されるよう幼児一人一人の行動の理解と予想に基づき，計画的に環境を構成しなければならない。この場合において，教師は，幼児と人やものとの関わりが重要であることを踏まえ，教材を工夫し，物的・空間的環境を構成しなければならない。また，幼児一人一人の活動の場面に応じて，様々な役割を果たし，その活動を豊かにしなければならない。

第2　幼稚園教育において育みたい資質・能力及び「幼児期の終わりまでに育ってほしい姿」

1　幼稚園においては，生きる力の基礎を育むため，この章の第1に示す幼稚園教育の基本を踏まえ，次に掲げる資質・能力を一体的に育むよう努めるものとする。

(1) 豊かな体験を通じて，感じたり，気付いたり，分かったり，できるようになったりする「知識及び技能の基礎」

(2) 気付いたことや，できるようになったことなどを使い，考えたり，試したり，工夫したり，表現したりする「思考力，判断力，表現力等の基礎」

(3) 心情，意欲，態度が育つ中で，よりよい生活を営もうとする「学びに向かう力，人間性等」

2　1に示す資質・能力は，第2章に示すねらい及び内容に基づく活動全体によって育むものである。

3　次に示す「幼児期の終わりまでに育ってほしい姿」は，第2章に示すねらい及び内容に基づく活動全体を通して資質・能力が育まれている幼児の幼稚園修了時の具体的な姿であり，教師が指導を行う際に考慮するものである。

(1) 健康な心と体

　幼稚園生活の中で，充実感をもって自分のやりたいことに向かって心と体を十分に働かせ，見通しをもって行動し，自ら健康で安全な生活をつくり出すようになる。

(2) 自立心

　身近な環境に主体的に関わり様々な活動を楽しむ中で，しなければならないことを自覚し，

付録7

自分の力で行うために考えたり，工夫したりしながら，諦めずにやり遂げることで達成感を味わい，自信をもって行動するようになる。

(3) 協同性

友達と関わる中で，互いの思いや考えなどを共有し，共通の目的の実現に向けて，考えたり，工夫したり，協力したりし，充実感をもってやり遂げるようになる。

(4) 道徳性・規範意識の芽生え

友達と様々な体験を重ねる中で，してよいことや悪いことが分かり，自分の行動を振り返ったり，友達の気持ちに共感したりし，相手の立場に立って行動するようになる。また，きまりを守る必要性が分かり，自分の気持ちを調整し，友達と折り合いを付けながら，きまりをつくったり，守ったりするようになる。

(5) 社会生活との関わり

家族を大切にしようとする気持ちをもつとともに，地域の身近な人と触れ合う中で，人との様々な関わり方に気付き，相手の気持ちを考えて関わり，自分が役に立つ喜びを感じ，地域に親しみをもつようになる。また，幼稚園内外の様々な環境に関わる中で，遊びや生活に必要な情報を取り入れ，情報に基づき判断したり，情報を伝え合ったり，活用したりするなど，情報を役立てながら活動するようになるとともに，公共の施設を大切に利用するなどして，社会とのつながりなどを意識するようになる。

(6) 思考力の芽生え

身近な事象に積極的に関わる中で，物の性質や仕組みなどを感じ取ったり，気付いたりし，考えたり，予想したり，工夫したりするなど，多様な関わりを楽しむようになる。また，友達の様々な考えに触れる中で，自分と異なる考えがあることに気付き，自ら判断したり，考え直したりするなど，新しい考えを生み出す喜びを味わいながら，自分の考えをよりよいものにするようになる。

(7) 自然との関わり・生命尊重

自然に触れて感動する体験を通して，自然の変化などを感じ取り，好奇心や探究心をもって考え言葉などで表現しながら，身近な事象への関心が高まるとともに，自然への愛情や畏敬の念をもつようになる。また，身近な動植物に心を動かされる中で，生命の不思議さや尊さに気付き，身近な動植物への接し方を考え，命あるものとしていたわり，大切にする気持ちをもって関わるようになる。

(8) 数量や図形，標識や文字などへの関心・感覚

遊びや生活の中で，数量や図形，標識や文字などに親しむ体験を重ねたり，標識や文字の役割に気付いたりし，自らの必要感に基づきこれらを活用し，興味や関心，感覚をもつようになる。

(9) 言葉による伝え合い

先生や友達と心を通わせる中で，絵本や物語などに親しみながら，豊かな言葉や表現を身に付け，経験したことや考えたことなどを言葉で伝えたり，相手の話を注意して聞いたりし，言葉による伝え合いを楽しむようになる。

(10) 豊かな感性と表現

心を動かす出来事などに触れ感性を働かせる中で，様々な素材の特徴や表現の仕方などに気付き，感じたことや考えたことを自分で表現したり，友達同士で表現する過程を楽しんだりし，表現する喜びを味わい，意欲をもつようになる。

付録7

第3　教育課程の役割と編成等

1　教育課程の役割

　　各幼稚園においては，教育基本法及び学校教育法その他の法令並びにこの幼稚園教育要領の示すところに従い，創意工夫を生かし，幼児の心身の発達と幼稚園及び地域の実態に即応した適切な教育課程を編成するものとする。

　　また，各幼稚園においては，6に示す全体的な計画にも留意しながら，「幼児期の終わりまでに育ってほしい姿」を踏まえ教育課程を編成すること，教育課程の実施状況を評価してその改善を図っていくこと，教育課程の実施に必要な人的又は物的な体制を確保するとともにその改善を図っていくことなどを通して，教育課程に基づき組織的かつ計画的に各幼稚園の教育活動の質の向上を図っていくこと（以下「カリキュラム・マネジメント」という。）に努めるものとする。

2　各幼稚園の教育目標と教育課程の編成

　　教育課程の編成に当たっては，幼稚園教育において育みたい資質・能力を踏まえつつ，各幼稚園の教育目標を明確にするとともに，教育課程の編成についての基本的な方針が家庭や地域とも共有されるよう努めるものとする。

3　教育課程の編成上の基本的事項

　(1)　幼稚園生活の全体を通して第2章に示すねらいが総合的に達成されるよう，教育課程に係る教育期間や幼児の生活経験や発達の過程などを考慮して具体的なねらいと内容を組織するものとする。この場合においては，特に，自我が芽生え，他者の存在を意識し，自己を抑制しようとする気持ちが生まれる幼児期の発達の特性を踏まえ，入園から修了に至るまでの長期的な視野をもって充実した生活が展開できるように配慮するものとする。

　(2)　幼稚園の毎学年の教育課程に係る教育週数は，特別の事情のある場合を除き，39週を下ってはならない。

　(3)　幼稚園の1日の教育課程に係る教育時間は，4時間を標準とする。ただし，幼児の心身の発達の程度や季節などに適切に配慮するものとする。

4　教育課程の編成上の留意事項

　　教育課程の編成に当たっては，次の事項に留意するものとする。

　(1)　幼児の生活は，入園当初の一人一人の遊びや教師との触れ合いを通して幼稚園生活に親しみ，安定していく時期から，他の幼児との関わりの中で幼児の主体的な活動が深まり，幼児が互いに必要な存在であることを認識するようになり，やがて幼児同士や学級全体で目的をもって協同して幼稚園生活を展開し，深めていく時期などに至るまでの過程を様々に経ながら広げられていくものであることを考慮し，活動がそれぞれの時期にふさわしく展開されるようにすること。

　(2)　入園当初，特に，3歳児の入園については，家庭との連携を緊密にし，生活のリズムや安全面に十分配慮すること。また，満3歳児については，学年の途中から入園することを考慮し，幼児が安心して幼稚園生活を過ごすことができるよう配慮すること。

　(3)　幼稚園生活が幼児にとって安全なものとなるよう，教職員による協力体制の下，幼児の主体的な活動を大切にしつつ，園庭や園舎などの環境の配慮や指導の工夫を行うこと。

5　小学校教育との接続に当たっての留意事項

　(1)　幼稚園においては，幼稚園教育が，小学校以降の生活や学習の基盤の育成につながることに配慮し，幼児期にふさわしい生活を通して，創造的な思考や主体的な生活態度などの基礎を培うようにするものとする。

　(2)　幼稚園教育において育まれた資質・能力を踏まえ，小学校教育が円滑に行われるよう，小学校の教師との意見交換や合同の研究の機会などを設け，「幼児期の終わりまでに育ってほしい

付録7

姿」を共有するなど連携を図り，幼稚園教育と小学校教育との円滑な接続を図るよう努めるものとする。

6　全体的な計画の作成

　　各幼稚園においては，教育課程を中心に，第3章に示す教育課程に係る教育時間の終了後等に行う教育活動の計画，学校保健計画，学校安全計画などとを関連させ，一体的に教育活動が展開されるよう全体的な計画を作成するものとする。

第4　指導計画の作成と幼児理解に基づいた評価

1　指導計画の考え方

　　幼稚園教育は，幼児が自ら意欲をもって環境と関わることによりつくり出される具体的な活動を通して，その目標の達成を図るものである。

　　幼稚園においてはこのことを踏まえ，幼児期にふさわしい生活が展開され，適切な指導が行われるよう，それぞれの幼稚園の教育課程に基づき，調和のとれた組織的，発展的な指導計画を作成し，幼児の活動に沿った柔軟な指導を行わなければならない。

2　指導計画の作成上の基本的事項

(1)　指導計画は，幼児の発達に即して一人一人の幼児が幼児期にふさわしい生活を展開し，必要な体験を得られるようにするために，具体的に作成するものとする。

(2)　指導計画の作成に当たっては，次に示すところにより，具体的なねらい及び内容を明確に設定し，適切な環境を構成することなどにより活動が選択・展開されるようにするものとする。

　　ア　具体的なねらい及び内容は，幼稚園生活における幼児の発達の過程を見通し，幼児の生活の連続性，季節の変化などを考慮して，幼児の興味や関心，発達の実情などに応じて設定すること。

　　イ　環境は，具体的なねらいを達成するために適切なものとなるように構成し，幼児が自らその環境に関わることにより様々な活動を展開しつつ必要な体験を得られるようにすること。その際，幼児の生活する姿や発想を大切にし，常にその環境が適切なものとなるようにすること。

　　ウ　幼児の行う具体的な活動は，生活の流れの中で様々に変化するものであることに留意し，幼児が望ましい方向に向かって自ら活動を展開していくことができるよう必要な援助をすること。

　　　その際，幼児の実態及び幼児を取り巻く状況の変化などに即して指導の過程についての評価を適切に行い，常に指導計画の改善を図るものとする。

3　指導計画の作成上の留意事項

　　指導計画の作成に当たっては，次の事項に留意するものとする。

(1)　長期的に発達を見通した年，学期，月などにわたる長期の指導計画やこれとの関連を保ちながらより具体的な幼児の生活に即した週，日などの短期の指導計画を作成し，適切な指導が行われるようにすること。特に，週，日などの短期の指導計画については，幼児の生活のリズムに配慮し，幼児の意識や興味の連続性のある活動が相互に関連して幼稚園生活の自然な流れの中に組み込まれるようにすること。

(2)　幼児が様々な人やものとの関わりを通して，多様な体験をし，心身の調和のとれた発達を促すようにしていくこと。その際，幼児の発達に即して主体的・対話的で深い学びが実現するようにするとともに，心を動かされる体験が次の活動を生み出すことを考慮し，一つ一つの体験が相互に結び付き，幼稚園生活が充実するようにすること。

付録7

(3) 言語に関する能力の発達と思考力等の発達が関連していることを踏まえ，幼稚園生活全体を通して，幼児の発達を踏まえた言語環境を整え，言語活動の充実を図ること。

(4) 幼児が次の活動への期待や意欲をもつことができるよう，幼児の実態を踏まえながら，教師や他の幼児と共に遊びや生活の中で見通しをもったり，振り返ったりするよう工夫すること。

(5) 行事の指導に当たっては，幼稚園生活の自然の流れの中で生活に変化や潤いを与え，幼児が主体的に楽しく活動できるようにすること。なお，それぞれの行事についてはその教育的価値を十分検討し，適切なものを精選し，幼児の負担にならないようにすること。

(6) 幼児期は直接的な体験が重要であることを踏まえ，視聴覚教材やコンピュータなど情報機器を活用する際には，幼稚園生活では得難い体験を補完するなど，幼児の体験との関連を考慮すること。

(7) 幼児の主体的な活動を促すためには，教師が多様な関わりをもつことが重要であることを踏まえ，教師は，理解者，共同作業者など様々な役割を果たし，幼児の発達に必要な豊かな体験が得られるよう，活動の場面に応じて，適切な指導を行うようにすること。

(8) 幼児の行う活動は，個人，グループ，学級全体などで多様に展開されるものであることを踏まえ，幼稚園全体の教師による協力体制を作りながら，一人一人の幼児が興味や欲求を十分に満足させるよう適切な援助を行うようにすること。

4 幼児理解に基づいた評価の実施

幼児一人一人の発達の理解に基づいた評価の実施に当たっては，次の事項に配慮するものとする。

(1) 指導の過程を振り返りながら幼児の理解を進め，幼児一人一人のよさや可能性などを把握し，指導の改善に生かすようにすること。その際，他の幼児との比較や一定の基準に対する達成度についての評定によって捉えるものではないことに留意すること。

(2) 評価の妥当性や信頼性が高められるよう創意工夫を行い，組織的かつ計画的な取組を推進するとともに，次年度又は小学校等にその内容が適切に引き継がれるようにすること。

第5　特別な配慮を必要とする幼児への指導

1 障害のある幼児などへの指導

障害のある幼児などへの指導に当たっては，集団の中で生活することを通して全体的な発達を促していくことに配慮し，特別支援学校などの助言又は援助を活用しつつ，個々の幼児の障害の状態などに応じた指導内容や指導方法の工夫を組織的かつ計画的に行うものとする。また，家庭，地域及び医療や福祉，保健等の業務を行う関係機関との連携を図り，長期的な視点で幼児への教育的支援を行うために，個別の教育支援計画を作成し活用することに努めるとともに，個々の幼児の実態を的確に把握し，個別の指導計画を作成し活用することに努めるものとする。

2 海外から帰国した幼児や生活に必要な日本語の習得に困難のある幼児の幼稚園生活への適応

海外から帰国した幼児や生活に必要な日本語の習得に困難のある幼児については，安心して自己を発揮できるよう配慮するなど個々の幼児の実態に応じ，指導内容や指導方法の工夫を組織的かつ計画的に行うものとする。

第6　幼稚園運営上の留意事項

1 各幼稚園においては，園長の方針の下に，園務分掌に基づき教職員が適切に役割を分担しつつ，相互に連携しながら，教育課程や指導の改善を図るものとする。また，各幼稚園が行う学校評価については，教育課程の編成，実施，改善が教育活動や幼稚園運営の中核となることを踏まえ，カリキュラム・マネジメントと関連付けながら実施するよう留意するものとする。

付録7

2　幼児の生活は，家庭を基盤として地域社会を通じて次第に広がりをもつものであることに留意し，家庭との連携を十分に図るなど，幼稚園における生活が家庭や地域社会と連続性を保ちつつ展開されるようにするものとする。その際，地域の自然，高齢者や異年齢の子供などを含む人材，行事や公共施設などの地域の資源を積極的に活用し，幼児が豊かな生活体験を得られるように工夫するものとする。また，家庭との連携に当たっては，保護者との情報交換の機会を設けたり，保護者と幼児との活動の機会を設けたりなどすることを通じて，保護者の幼児期の教育に関する理解が深まるよう配慮するものとする。

3　地域や幼稚園の実態等により，幼稚園間に加え，保育所，幼保連携型認定こども園，小学校，中学校，高等学校及び特別支援学校などとの間の連携や交流を図るものとする。特に，幼稚園教育と小学校教育の円滑な接続のため，幼稚園の幼児と小学校の児童との交流の機会を積極的に設けるようにするものとする。また，障害のある幼児児童生徒との交流及び共同学習の機会を設け，共に尊重し合いながら協働して生活していく態度を育むよう努めるものとする。

第7　教育課程に係る教育時間終了後等に行う教育活動など

　幼稚園は，第3章に示す教育課程に係る教育時間の終了後等に行う教育活動について，学校教育法に規定する目的及び目標並びにこの章の第1に示す幼稚園教育の基本を踏まえ実施するものとする。また，幼稚園の目的の達成に資するため，幼児の生活全体が豊かなものとなるよう家庭や地域における幼児期の教育の支援に努めるものとする。

付録7

● 第2章　ねらい及び内容

　この章に示すねらいは，幼稚園教育において育みたい資質・能力を幼児の生活する姿から捉えたものであり，内容は，ねらいを達成するために指導する事項である。各領域は，これらを幼児の発達の側面から，心身の健康に関する領域「健康」，人との関わりに関する領域「人間関係」，身近な環境との関わりに関する領域「環境」，言葉の獲得に関する領域「言葉」及び感性と表現に関する領域「表現」としてまとめ，示したものである。内容の取扱いは，幼児の発達を踏まえた指導を行うに当たって留意すべき事項である。

　各領域に示すねらいは，幼稚園における生活の全体を通じ，幼児が様々な体験を積み重ねる中で相互に関連をもちながら次第に達成に向かうものであること，内容は，幼児が環境に関わって展開する具体的な活動を通して総合的に指導されるものであることに留意しなければならない。

　また，「幼児期の終わりまでに育ってほしい姿」が，ねらい及び内容に基づく活動全体を通して資質・能力が育まれている幼児の幼稚園修了時の具体的な姿であることを踏まえ，指導を行う際に考慮するものとする。

　なお，特に必要な場合には，各領域に示すねらいの趣旨に基づいて適切な，具体的な内容を工夫し，それを加えても差し支えないが，その場合には，それが第1章の第1に示す幼稚園教育の基本を逸脱しないよう慎重に配慮する必要がある。

健　康

〔健康な心と体を育て，自ら健康で安全な生活をつくり出す力を養う。〕

1　ねらい

(1) 明るく伸び伸びと行動し，充実感を味わう。

(2) 自分の体を十分に動かし，進んで運動しようとする。

(3) 健康，安全な生活に必要な習慣や態度を身に付け，見通しをもって行動する。

2　内　容

(1) 先生や友達と触れ合い，安定感をもって行動する。

(2) いろいろな遊びの中で十分に体を動かす。

(3) 進んで戸外で遊ぶ。

(4) 様々な活動に親しみ，楽しんで取り組む。

(5) 先生や友達と食べることを楽しみ，食べ物への興味や関心をもつ。

(6) 健康な生活のリズムを身に付ける。

(7) 身の回りを清潔にし，衣服の着脱，食事，排泄などの生活に必要な活動を自分でする。

(8) 幼稚園における生活の仕方を知り，自分たちで生活の場を整えながら見通しをもって行動する。

(9) 自分の健康に関心をもち，病気の予防などに必要な活動を進んで行う。

(10) 危険な場所，危険な遊び方，災害時などの行動の仕方が分かり，安全に気を付けて行動する。

3　内容の取扱い

　上記の取扱いに当たっては，次の事項に留意する必要がある。

(1) 心と体の健康は，相互に密接な関連があるものであることを踏まえ，幼児が教師や他の幼児との温かい触れ合いの中で自己の存在感や充実感を味わうことなどを基盤として，しなやかな心と体の発達を促すこと。特に，十分に体を動かす気持ちよさを体験し，自ら体を動かそうとする意欲が育つようにすること。

付録7

(2) 様々な遊びの中で，幼児が興味や関心，能力に応じて全身を使って活動することにより，体を動かす楽しさを味わい，自分の体を大切にしようとする気持ちが育つようにすること。その際，多様な動きを経験する中で，体の動きを調整するようにすること。

(3) 自然の中で伸び伸びと体を動かして遊ぶことにより，体の諸機能の発達が促されることに留意し，幼児の興味や関心が戸外にも向くようにすること。その際，幼児の動線に配慮した園庭や遊具の配置などを工夫すること。

(4) 健康な心と体を育てるためには食育を通じた望ましい食習慣の形成が大切であることを踏まえ，幼児の食生活の実情に配慮し，和やかな雰囲気の中で教師や他の幼児と食べる喜びや楽しさを味わったり，様々な食べ物への興味や関心をもったりするなどし，食の大切さに気付き，進んで食べようとする気持ちが育つようにすること。

(5) 基本的な生活習慣の形成に当たっては，家庭での生活経験に配慮し，幼児の自立心を育て，幼児が他の幼児と関わりながら主体的な活動を展開する中で，生活に必要な習慣を身に付け，次第に見通しをもって行動できるようにすること。

(6) 安全に関する指導に当たっては，情緒の安定を図り，遊びを通して安全についての構えを身に付け，危険な場所や事物などが分かり，安全についての理解を深めるようにすること。また，交通安全の習慣を身に付けるようにするとともに，避難訓練などを通して，災害などの緊急時に適切な行動がとれるようにすること。

人間関係
〔他の人々と親しみ，支え合って生活するために，自立心を育て，人と関わる力を養う。〕

1 ねらい

(1) 幼稚園生活を楽しみ，自分の力で行動することの充実感を味わう。

(2) 身近な人と親しみ，関わりを深め，工夫したり，協力したりして一緒に活動する楽しさを味わい，愛情や信頼感をもつ。

(3) 社会生活における望ましい習慣や態度を身に付ける。

2 内 容

(1) 先生や友達と共に過ごすことの喜びを味わう。

(2) 自分で考え，自分で行動する。

(3) 自分でできることは自分でする。

(4) いろいろな遊びを楽しみながら物事をやり遂げようとする気持ちをもつ。

(5) 友達と積極的に関わりながら喜びや悲しみを共感し合う。

(6) 自分の思ったことを相手に伝え，相手の思っていることに気付く。

(7) 友達のよさに気付き，一緒に活動する楽しさを味わう。

(8) 友達と楽しく活動する中で，共通の目的を見いだし，工夫したり，協力したりなどする。

(9) よいことや悪いことがあることに気付き，考えながら行動する。

(10) 友達との関わりを深め，思いやりをもつ。

(11) 友達と楽しく生活する中できまりの大切さに気付き，守ろうとする。

(12) 共同の遊具や用具を大切にし，皆で使う。

(13) 高齢者をはじめ地域の人々などの自分の生活に関係の深いいろいろな人に親しみをもつ。

3 内容の取扱い

上記の取扱いに当たっては，次の事項に留意する必要がある。

(1) 教師との信頼関係に支えられて自分自身の生活を確立していくことが人と関わる基盤となることを考慮し，幼児が自ら周囲に働き掛けることにより多様な感情を体験し，試行錯誤しなが

ら諦めずにやり遂げることの達成感や，前向きな見通しをもって自分の力で行うことの充実感を味わうことができるよう，幼児の行動を見守りながら適切な援助を行うようにすること。

(2) 一人一人を生かした集団を形成しながら人と関わる力を育てていくようにすること。その際，集団の生活の中で，幼児が自己を発揮し，教師や他の幼児に認められる体験をし，自分のよさや特徴に気付き，自信をもって行動できるようにすること。

(3) 幼児が互いに関わりを深め，協同して遊ぶようになるため，自ら行動する力を育てるようにするとともに，他の幼児と試行錯誤しながら活動を展開する楽しさや共通の目的が実現する喜びを味わうことができるようにすること。

(4) 道徳性の芽生えを培うに当たっては，基本的な生活習慣の形成を図るとともに，幼児が他の幼児との関わりの中で他人の存在に気付き，相手を尊重する気持ちをもって行動できるようにし，また，自然や身近な動植物に親しむことなどを通して豊かな心情が育つようにすること。特に，人に対する信頼感や思いやりの気持ちは，葛藤やつまずきをも体験し，それらを乗り越えることにより次第に芽生えてくることに配慮すること。

(5) 集団の生活を通して，幼児が人との関わりを深め，規範意識の芽生えが培われることを考慮し，幼児が教師との信頼関係に支えられて自己を発揮する中で，互いに思いを主張し，折り合いを付ける体験をし，きまりの必要性などに気付き，自分の気持ちを調整する力が育つようにすること。

(6) 高齢者をはじめ地域の人々などの自分の生活に関係の深いいろいろな人と触れ合い，自分の感情や意志を表現しながら共に楽しみ，共感し合う体験を通して，これらの人々などに親しみをもち，人と関わることの楽しさや人の役に立つ喜びを味わうことができるようにすること。また，生活を通して親や祖父母などの家族の愛情に気付き，家族を大切にしようとする気持ちが育つようにすること。

環　境

周囲の様々な環境に好奇心や探究心をもって関わり，それらを生活に取り入れていこうとする力を養う。

1　ねらい

(1) 身近な環境に親しみ，自然と触れ合う中で様々な事象に興味や関心をもつ。

(2) 身近な環境に自分から関わり，発見を楽しんだり，考えたりし，それを生活に取り入れようとする。

(3) 身近な事象を見たり，考えたり，扱ったりする中で，物の性質や数量，文字などに対する感覚を豊かにする。

2　内　容

(1) 自然に触れて生活し，その大きさ，美しさ，不思議さなどに気付く。

(2) 生活の中で，様々な物に触れ，その性質や仕組みに興味や関心をもつ。

(3) 季節により自然や人間の生活に変化のあることに気付く。

(4) 自然などの身近な事象に関心をもち，取り入れて遊ぶ。

(5) 身近な動植物に親しみをもって接し，生命の尊さに気付き，いたわったり，大切にしたりする。

(6) 日常生活の中で，我が国や地域社会における様々な文化や伝統に親しむ。

(7) 身近な物を大切にする。

(8) 身近な物や遊具に興味をもって関わり，自分なりに比べたり，関連付けたりしながら考えたり，試したりして工夫して遊ぶ。

付録7

(9) 日常生活の中で数量や図形などに関心をもつ。

(10) 日常生活の中で簡単な標識や文字などに関心をもつ。

(11) 生活に関係の深い情報や施設などに興味や関心をもつ。

(12) 幼稚園内外の行事において国旗に親しむ。

3　内容の取扱い

上記の取扱いに当たっては，次の事項に留意する必要がある。

(1) 幼児が，遊びの中で周囲の環境と関わり，次第に周囲の世界に好奇心を抱き，その意味や操作の仕方に関心をもち，物事の法則性に気付き，自分なりに考えることができるようになる過程を大切にすること。また，他の幼児の考えなどに触れて新しい考えを生み出す喜びや楽しさを味わい，自分の考えをよりよいものにしようとする気持ちが育つようにすること。

(2) 幼児期において自然のもつ意味は大きく，自然の大きさ，美しさ，不思議さなどに直接触れる体験を通して，幼児の心が安らぎ，豊かな感情，好奇心，思考力，表現力の基礎が培われることを踏まえ，幼児が自然との関わりを深めることができるよう工夫すること。

(3) 身近な事象や動植物に対する感動を伝え合い，共感し合うことなどを通して自分から関わろうとする意欲を育てるとともに，様々な関わり方を通してそれらに対する親しみや畏敬の念，生命を大切にする気持ち，公共心，探究心などが養われるようにすること。

(4) 文化や伝統に親しむ際には，正月や節句など我が国の伝統的な行事，国歌，唱歌，わらべうたや我が国の伝統的な遊びに親しんだり，異なる文化に触れる活動に親しんだりすることを通じて，社会とのつながりの意識や国際理解の意識の芽生えなどが養われるようにすること。

(5) 数量や文字などに関しては，日常生活の中で幼児自身の必要感に基づく体験を大切にし，数量や文字などに関する興味や関心，感覚が養われるようにすること。

言　葉

> 経験したことや考えたことなどを自分なりの言葉で表現し，相手の話す言葉を聞こうとする意欲や態度を育て，言葉に対する感覚や言葉で表現する力を養う。

1　ねらい

(1) 自分の気持ちを言葉で表現する楽しさを味わう。

(2) 人の言葉や話などをよく聞き，自分の経験したことや考えたことを話し，伝え合う喜びを味わう。

(3) 日常生活に必要な言葉が分かるようになるとともに，絵本や物語などに親しみ，言葉に対する感覚を豊かにし，先生や友達と心を通わせる。

2　内　容

(1) 先生や友達の言葉や話に興味や関心をもち，親しみをもって聞いたり，話したりする。

(2) したり，見たり，聞いたり，感じたり，考えたりなどしたことを自分なりに言葉で表現する。

(3) したいこと，してほしいことを言葉で表現したり，分からないことを尋ねたりする。

(4) 人の話を注意して聞き，相手に分かるように話す。

(5) 生活の中で必要な言葉が分かり，使う。

(6) 親しみをもって日常の挨拶をする。

(7) 生活の中で言葉の楽しさや美しさに気付く。

(8) いろいろな体験を通じてイメージや言葉を豊かにする。

(9) 絵本や物語などに親しみ，興味をもって聞き，想像をする楽しさを味わう。

(10) 日常生活の中で，文字などで伝える楽しさを味わう。

付録7

3　内容の取扱い

上記の取扱いに当たっては，次の事項に留意する必要がある。

(1) 言葉は，身近な人に親しみをもって接し，自分の感情や意志などを伝え，それに相手が応答し，その言葉を聞くことを通して次第に獲得されていくものであることを考慮して，幼児が教師や他の幼児と関わることにより心を動かされるような体験をし，言葉を交わす喜びを味わえるようにすること。

(2) 幼児が自分の思いを言葉で伝えるとともに，教師や他の幼児などの話を興味をもって注意して聞くことを通して次第に話を理解するようになっていき，言葉による伝え合いができるようにすること。

(3) 絵本や物語などで，その内容と自分の経験とを結び付けたり，想像を巡らせたりするなど，楽しみを十分に味わうことによって，次第に豊かなイメージをもち，言葉に対する感覚が養われるようにすること。

(4) 幼児が生活の中で，言葉の響きやリズム，新しい言葉や表現などに触れ，これらを使う楽しさを味わえるようにすること。その際，絵本や物語に親しんだり，言葉遊びなどをしたりすることを通して，言葉が豊かになるようにすること。

(5) 幼児が日常生活の中で，文字などを使いながら思ったことや考えたことを伝える喜びや楽しさを味わい，文字に対する興味や関心をもつようにすること。

表　現

感じたことや考えたことを自分なりに表現することを通して，豊かな感性や表現する力を養い，創造性を豊かにする。

1　ねらい

(1) いろいろなものの美しさなどに対する豊かな感性をもつ。

(2) 感じたことや考えたことを自分なりに表現して楽しむ。

(3) 生活の中でイメージを豊かにし，様々な表現を楽しむ。

2　内　容

(1) 生活の中で様々な音，形，色，手触り，動きなどに気付いたり，感じたりするなどして楽しむ。

(2) 生活の中で美しいものや心を動かす出来事に触れ，イメージを豊かにする。

(3) 様々な出来事の中で，感動したことを伝え合う楽しさを味わう。

(4) 感じたこと，考えたことなどを音や動きなどで表現したり，自由にかいたり，つくったりなどする。

(5) いろいろな素材に親しみ，工夫して遊ぶ。

(6) 音楽に親しみ，歌を歌ったり，簡単なリズム楽器を使ったりなどする楽しさを味わう。

(7) かいたり，つくったりすることを楽しみ，遊びに使ったり，飾ったりなどする。

(8) 自分のイメージを動きや言葉などで表現したり，演じて遊んだりするなどの楽しさを味わう。

3　内容の取扱い

上記の取扱いに当たっては，次の事項に留意する必要がある。

(1) 豊かな感性は，身近な環境と十分に関わる中で美しいもの，優れたもの，心を動かす出来事などに出会い，そこから得た感動を他の幼児や教師と共有し，様々に表現することなどを通して養われるようにすること。その際，風の音や雨の音，身近にある草や花の形や色など自然の中にある音，形，色などに気付くようにすること。

付録 7

(2) 幼児の自己表現は素朴な形で行われることが多いので，教師はそのような表現を受容し，幼児自身の表現しようとする意欲を受け止めて，幼児が生活の中で幼児らしい様々な表現を楽しむことができるようにすること。

(3) 生活経験や発達に応じ，自ら様々な表現を楽しみ，表現する意欲を十分に発揮させることができるように，遊具や用具などを整えたり，様々な素材や表現の仕方に親しんだり，他の幼児の表現に触れられるよう配慮したりし，表現する過程を大切にして自己表現を楽しめるように工夫すること。

付録 7

● 第3章　教育課程に係る教育時間の終了後等に行う教育活動などの留意事項

1　地域の実態や保護者の要請により，教育課程に係る教育時間の終了後等に希望する者を対象に
　行う教育活動については，幼児の心身の負担に配慮するものとする。また，次の点にも留意する
　ものとする。

(1)　教育課程に基づく活動を考慮し，幼児期にふさわしい無理のないものとなるようにするこ
　　と。その際，教育課程に基づく活動を担当する教師と緊密な連携を図るようにすること。

(2)　家庭や地域での幼児の生活も考慮し，教育課程に係る教育時間の終了後等に行う教育活動の
　　計画を作成するようにすること。その際，地域の人々と連携するなど，地域の様々な資源を活
　　用しつつ，多様な体験ができるようにすること。

(3)　家庭との緊密な連携を図るようにすること。その際，情報交換の機会を設けたりするなど，
　　保護者が，幼稚園と共に幼児を育てるという意識が高まるようにすること。

(4)　地域の実態や保護者の事情とともに幼児の生活のリズムを踏まえつつ，例えば実施日数や時
　　間などについて，弾力的な運用に配慮すること。

(5)　適切な責任体制と指導体制を整備した上で行うようにすること。

2　幼稚園の運営に当たっては，子育ての支援のために保護者や地域の人々に機能や施設を開放し
　て，園内体制の整備や関係機関との連携及び協力に配慮しつつ，幼児期の教育に関する相談に応
　じたり，情報を提供したり，幼児と保護者との登園を受け入れたり，保護者同士の交流の機会を
　提供したりするなど，幼稚園と家庭が一体となって幼児と関わる取組を進め，地域における幼児
　期の教育のセンターとしての役割を果たすよう努めるものとする。その際，心理や保健の専門
　家，地域の子育て経験者等と連携・協働しながら取り組むよう配慮するものとする。

付録7

学習指導要領等の改善に係る検討に必要な専門的作業等協力者（五十音順）

（職名は平成29年6月現在）

相 澤 昭 宏	神奈川県横浜市立大岡小学校長
石 井 英 真	京都大学大学院准教授
猪 股 亮 文	宮城県仙台市教育局学校教育部教育指導課長
河 野 麻沙美	上越教育大学准教授
君 塚 裕 子	岩手県盛岡市立緑が丘小学校主幹教諭
黒 上 晴 夫	関西大学教授
四ヶ所 清 隆	福岡県久留米市立高良内小学校長
鈴 木 登美代	京都府京都市総合教育センター主任指導主事
高 野 浩 男	山形県山形市立第三小学校教諭
永 野 理英子	神奈川県横浜市教育委員会主任指導主事
奈 須 正 裕	上智大学教授
服 部 真	読売新聞東京本社編集委員
三 浦 研 一	福岡県福岡市立三宅小学校主幹教諭
三 田 大 樹	新宿区立大久保小学校主幹教諭
村 川 雅 弘	甲南女子大学教授

なお，文部科学省においては，次の者が本書の編集に当たった。

合 田 哲 雄	初等中等教育局教育課程課長
田 村 学	國學院大學教授（前初等中等教育局視学官）
小 野 賢 志	初等中等教育局教育課程課主任学校教育官
渋 谷 一 典	初等中等教育局教育課程課教科調査官

小学校学習指導要領（平成 29 年告示）解説
総合的な学習の時間編　　MEXT 1-1713

平成 30 年 2 月 28 日	初版発行
令和 6 年 9 月 6 日	2 版発行
著作権所有	文部科学省

東京都北区堀船 2 丁目17-1
発　行　者　　　　東 京 書 籍 株 式 会 社
代表者　　渡辺能理夫

東京都北区堀船 1 丁目28-1
印　刷　者　　　　株式会社リーブルテック

東京都北区堀船 2 丁目17-1
発　行　所　　　　東 京 書 籍 株 式 会 社
電　話　　　03－5390－7247

定価 363円（本体 330円＋税 10%）